MW01703322

Roberto Muñoz

Cómo sobrevivir al siglo XXI

Ana P. Fernández Magdalena

Roberto Muñoz

Cómo sobrevivir al siglo XXI

RobinBook

Si usted desea que le mantengamos informado de nuestras publicaciones, sólo tiene que remitirnos su nombre y dirección, indicando qué temas le interesan, y gustosamente complaceremos su petición.

Ediciones Robinbook
información bibliográfica
apdo. 94.085 - 08080 Barcelona
e-mail: info@robinbook.com

Visite nuestra
WEB

www.robinbook.com

© 2000, Ana P. Fernández Magdalena.
© 2000, Ediciones Robinbook, s.l.
Apdo. 94.085 - 08080 Barcelona.
Diseño cubierta: Regina Richling.
Fotografía: Regina Richling.
ISBN: 84-7927-411-5.
Depósito legal: B-1.121-2000.
Impreso por Limpergraf, Mogoda, 29-31 (Can Salvatella), 08210 Barberà del Vallès.

Quedan rigurosamente prohibidas, sin la autorización escrita de los titulares del Copyright, bajo las sanciones establecidas en las leyes, la reproducción total o parcial de esta obra por cualquier medio o procedimiento, comprendidos la reprografía y el tratamiento informático, y la distribución de ejemplares de la misma mediante alquiler o préstamo públicos.

Impreso en España - *Printed in Spain*

Introducción

No cabe duda de que la sociedad actual tiene bastante poco que ver con la que vieron y vivieron nuestros antepasados. Sin necesidad de remontarnos demasiado tiempo atrás, nuestros tatarabuelos se hubieran quedado sin habla si hubieran tenido la oportunidad de ver cómo, tras un leve zumbido, nos ponemos a hablar en medio de la calle por un pequeño aparatito negro. O, simplemente, si hubieran contemplado cómo una nave espacial se elevaba en el aire para atravesar el espacio y enviarnos fotografías desde Marte.

Gracias a la tecnología, quien más quien menos, todos vivimos en un mundo lleno de adelantos y comodidades. Por uno de nuestros aires acondicionados cualquier terrateniente del siglo XIX hubiera dado la mitad de su fortuna, y por uno de nuestros aviones Napoleón hubiera empeñado la misma Francia. Somos unos seres privilegiados, y sin embargo, ¿cuál es el precio que estamos pagando a cambio de ello?

El ser humano ha echado a perder su gran oportunidad. El extraordinario progreso de la ciencia, las mejoras médico-hospitalarias, los nuevos conocimientos sobre la biología molecular, el desarrollo de las tecnologías punteras, etc., podrían haber hecho del hombre un ser sabio, sano y feliz. Tristemente, esto no ha sido así.

Al lado de grandes grupos humanos que parecen no contar

para la civilización y que siguen sufriendo todo tipo de calamidades –igual o peor que si estuviesen en la prehistoria–, crecen y viven las culturas más prósperas, entre las que nos encontramos nosotros. Culturas que, pese a su alto nivel de vida y su estado de confort, padecen penosas enfermedades, algunas de ellas desarrolladas y extendidas a la vez que el progreso (cáncer, sida, depresión, Alzheimer, infartos, etc.), y sobrellevan su existencia a golpe de comprimidos y medicamentos.

¿Qué es lo que ha fallado, entonces?, ¿en qué se ha equivocado el hombre? Y, lo que es aún más importante, ¿podemos hacer algo todavía para evitar esta lenta agonía y mejorar nuestra calidad de vida? En este libro que les presento pretendo responder a estas preguntas y, si ustedes lo desean, tenderles humildemente una mano para recorrer juntos el camino que nos hará posible recuperar la salud perdida, ahora que todavía estamos a tiempo.

Nada me haría más feliz, para concluir, que lograr el objetivo de ayudarles en estas páginas a sobrevivir a este nuevo siglo XXI. Es, para mí, un reto y un gustoso deber.

1. ¿Sabemos lo que comemos?

En la actualidad, y en cualquiera de nuestras ciudades, más grande o más pequeña, todos nosotros tenemos a nuestra disposición en tiendas, mercados y grandes almacenes prácticamente la totalidad de la gama alimentaria que el ser humano puede utilizar para su nutrición. Ésta es una indiscutible ventaja de nuestra sociedad frente a la de nuestros bisabuelos, obligados a consumir el producto de su trabajo en la tierra junto con algunos productos intercambiados en el mercado local.

¿Qué pensarían esos honorables hombres y mujeres que reposan retratados en blanco y negro en el salón de sus antiguas casas en el pueblo natal, si vieran a nuestros hijos (¡o a nosotros mismos!) devorando un extraña masa de harina redonda, aplastada y de la consistencia de la goma, sobre la que descansa un curioso queso y un insólito jamón de color rosa, sin vetas y que casi no hace falta masticar? Imaginémonos también, por un momento, su sorpresa si observaran cómo extraemos de un insólito cajón que reproduce el clima invernal (frío y hielo) un curioso envase de metal superligero en cuyo envoltorio figura la inscripción «fabricado en Alemania para la UE» que a continuación introducimos en otro cajón, cuya extraordinaria virtud de elevar la temperatura de las cosas sin producir calor nos permite colocar diez minutos después dicho recipiente sobre la mesa con su contenido listo para comer.

La infinidad de materias primas y sus distintos modos de tratamiento, combinaciones y presentaciones deberían permitirnos gozar de una nutrición mucho más completa, equilibrada y, en fin, sana. Y sin embargo, nunca tanto como ahora las estadísticas han arrojado los altos índices de colesterolhemia, artrosis, cardiopatías y trastornos digestivos (úlceras gastroduodenales, dispepsias, gastritis, estreñimiento, etc.) que se detectan a edades cada vez más tempranas. Podríamos afirmar que, en las mismas condiciones médicas que nuestros antepasados y sin los adelantos científicos de las últimas décadas, la mayoría de nosotros estaríamos sencillamente muertos, o al menos gravemente enfermos, antes de los sesenta años. A partir de esta edad, más de la mitad de la población urbana de nuestro tiempo les debe su vida a la medicina y sus profesionales, aunque sea a costa de pagar un alto precio por ello: el detrimento inexorable y progresivo de nuestra calidad de vida.

¿Qué ocurre entonces con nuestras comidas?, ¿por qué, teniendo en nuestras manos la posibilidad de elaborar un sistema nutricional casi perfecto por su extraordinaria riqueza y variedad, somos la civilización de las enfermedades alimentarias?

Lo que hay realmente en nuestros platos

Cuando nos sentamos a la mesa, ¿sabemos con certeza lo que estamos comiendo? Una paella, un pescado, una lata de guisantes, incluso una inocente ensalada, ¿son solamente arroz, mariscos, pescado y verduras, o hay algo más detrás de todo ello que permanece insidiosamente invisible a nuestros ojos profanos?

La industria alimentaria es uno de los mejores y más grandes clientes de las multinacionales químicas: insecticidas, pesticidas, plaguicidas, fungicidas, y un largo etcétera se fabrican por toneladas y se distribuyen a buen precio entre los agricultores. Estas sustancias químicas les permiten conseguir grandes cosechas libres de insectos, así como prolongar la duración de los productos una vez cosechados. De esta manera, no sólo se logra un mayor rendimiento del trabajo sino que con esas sustancias se obtienen pingües beneficios, por supuesto, a costa del consumidor, generalmente inocente y mal informado.

Otros «aliños» que están presentes en multitud de nuestros platos son los aditivos químicos, también denominados «E». Muy económicos para el fabricante, conservantes, colorantes, aromas artificiales, espesantes, emulgentes, antioxidantes, etc., etc., ofrecen a la industria de la alimentación grandes ventajas de conservación, presentación e incluso de abaratamiento de costes al vendernos materias «corcho» o de relleno a precio del producto original. Pero ¿son tan peligrosos los aditivos químicos?

La respuesta a esta pregunta no puede ser categórica. Algunos aditivos, como el antioxidante E-330 (ácido cítrico, elemento presente de modo natural en las frutas), no son en absoluto perjudiciales, mientras que otros como los galatos (E-310 a E-312) no tienen un historial toxicológico suficientemente claro.

Vamos a analizar someramente los distintos grupos de aditivos más utilizados y sus posibles efectos sobre la salud:

COLORANTES. Identificados con los códigos del E-100 al E-199, constituyen un medio perfecto para que el fabricante intente vendernos un producto engañando nuestra vista. Son absolutamente innecesarios y algunos de ellos ocasionan reacciones alérgicas más o menos importantes según la edad y estado de salud del consumidor. Entre los menos seguros figuran la tartracina (E-102) ocupando el primer lugar en el pódium de los más tóxicos, seguida del amaranto (E-123), sospechoso de ser inductor de cáncer, y el negro brillante (E-151).

CONSERVANTES. Con los códigos del E-200 al E-299, inhiben la proliferación de bacterias y mohos. A cambio de poder disponer de productos originalmente perecederos ahora durante meses (¡o años!) en el supermercado, los consumidores pagamos un alto precio en salud, máxime cuando hablamos de conservantes como los nitritos y nitratos (del E-249 al E-252), potencialmente cancerígenos e inhibidores de la vitamina C en el organismo. Deberíamos huir de ellos como del diablo.

Otros de dudosa seguridad son los anhídridos sulfurosos (E-220 a E-228), asociados con migrañas, trastornos intestinales y reacciones asmáticas en personas propensas a ellas.

ANTIOXIDANTES. Codificados entre el E-300 y el E-399, evitan la aparición de olores fuertes o modificaciones en la textura de los alimentos.

Procuraremos elegir aquellos productos que incluyan como antioxidantes solamente los E-330, E-331, E-332 y E-333, derivados del ácido cítrico y no peligrosos.

Los galatos (E-310 a E-312) y los BHA y BHT (E-320 y E-321) no son tan fiables y parece ser que pueden ocasionar irritaciones gástricas o sobrecarga hepática.

ESPESANTES, GELIFICANTES, EMULGENTES Y ESTABILIZANTES. Del E-400 al E-499, permiten modificar la textura de los alimentos, cosa que sólo puede tener sentido comercialmente y para engañar al consumidor.

Los carragenatos (E-407), la goma garrofín (E-410), la goma arábiga (E-414) y la goma xantano (E-415), aun sin estar demostrado que sean peligrosos, pueden ocasionar irritaciones gástricas en personas delicadas del estómago.

Más insidioso es el polifosfato (E-450), que dificulta la absorción del calcio originando problemas óseos en personas con bajos niveles de este mineral.

POTENCIADORES DEL SABOR. Clasificados entre el 600 y el 625 (de momento carecen de la inicial «E»), son el gran fraude al consumidor ya que nos hacen saborear algo que no existe o que existe en muy pequeñas cantidades. Además, todos ellos provocan reacciones alérgicas: dolores de cabeza, palpitaciones, náuseas, etc. El más conocido es el glutamato monosódico, presente en multitud de productos precocinados y deshidratados.

EDULCORANTES. Su nomenclatura va del H-6880 al H-6887, y son utilizados en la industria repostera y de refrescos como sustitutos del azúcar, mucho más costosa para el fabricante.

Tanto los ciclamatos (H-6880 a H-6882) como los derivados de la sacarina (H-6884 a H-6887) podrían ser perfectamente prescindibles. Aunque su toxicidad no está clara, no se recomienda su consumo en mujeres embarazadas y tampoco está descartada su influencia en el desarrollo de ciertos tumores.

AROMAS. Los aromas artificiales no están suficientemente legislados y hasta carecen de una clasificación numérica. Lo que sí parece claro es que cuando hablamos de «aromatizantes» artificiales nos estamos refiriendo siempre a productos químicos. Otro es el caso de los «aromas naturales» obtenidos a partir de las pieles de frutas como las naranjas y los limones, o de las especias (canela, vainilla, clavo, etc.). Elija siempre, por tanto, productos con aromas naturales que, al menos, proceden directamente de la naturaleza.

Tras esta somera introducción, podremos comenzar a darnos cuenta de que nos será ciertamente difícil gozar de una perfecta salud mientras nos veamos abocados a consumir diariamente, perfectamente camuflados en nuestras comidas, importantes cantidades de pesticidas, aditivos químicos, e incluso hormonas o antibióticos (caso de la carne) o venenosos metales pesados (pescados, lácteos, etc.). El límite de la peligrosidad comienza a introducirse en nuestras dietas en forma de alimentos transgénicos, aberración de la técnica de consecuencias imprevisibles y fuertemente criticada desde todos los sectores de la medicina natural y las organizaciones ecologistas.

¿Debemos resignarnos a este autoenvenenamiento lento y progresivo? ¡Por supuesto que no! Una buena información es la base para lograr preservar nuestra mesa de agentes extraños y, como consecuencia, defender a capa y espada nuestra SALUD. Y eso es lo que vamos a intentar conseguir a lo largo de estas páginas.

Análisis de los alimentos y sus presentaciones más habituales en nuestra dieta

Frutas y verduras

Estos alimentos, cultivados en pequeñas huertas familiares o en plantaciones ecológicas que no emplean pesticidas ni plaguicidas, constituyen la que debería ser base de nuestra dieta, ya que nos aportan las vitaminas, los minerales, las enzimas y las fibras necesarios para conseguir una buena salud y librarnos de multitud de enfermedades. Sin embargo, hoy en día las frutas y verduras que se venden en supermercados y grandes almacenes proceden de latifundios en los que los abonos nitrogenados y los pesticidas constituyen la base de la producción debido a su reducido coste y al alto rendimiento de cosecha que producen.

El peligro de los pesticidas es ciertamente grave: nuestro país consume miles de toneladas anuales de estos productos químicos, cantidades a todas luces excesivas y rayanas en la temeridad. A continuación podemos ver en cantidades reales la utilización por año de los distintos tipos de plaguicidas en España.*

Cantidad aproximada en toneladas de plaguicidas vendidos en España por año

Acaricidas	2.500
Fitorreguladores	30.000
Fungicidas	30.000
Herbicidas	20.000
Herbicidas ind.	200
Insecticidas	33.000
Molusquicidas	3.000
Nematocidas	14.000
Otros	2.400
TOTAL PLAGUICIDAS	135.100

* Fuentes consultadas del Ministerio de Medio Ambiente.

El problema radica en que estas sustancias químicas no se quedan en el lugar de producción, sino que acompañan a las frutas y verduras hasta nuestros platos como unos inquilinos indeseables. He aquí un terrorífico dato aportado por la misma OMS (Organización Mundial de la Salud): cada año se produce la muerte de 40.000 agricultores y el envenenamiento de más de cinco millones de personas por el uso de los pesticidas.

Las hermosas manzanas, brillantes y espléndidas, la lechuga tersa y sin señales de mordeduras de caracoles o los tomates tan resplandecientes que podrían parecer de plástico, han sido tratados con insecticidas que permanecen adheridos a sus pieles y que con frecuencia ofrecen una gran resistencia a los simples lavados con agua. Evidentemente, no siempre podemos adquirir nuestros productos de la huerta en pequeños mercados. Para evitar, pues, que los productos químicos penetren en nuestro organismo deberemos tomar algunas importantes medidas:

A) **Pele siempre las frutas.** Si bien la piel de la fruta contiene gran cantidad de fibras naturales y buena parte de sus sustancias nutritivas, hoy por hoy será preferible abstenerse de comerla. Algunas personas «friegan» literalmente sus piezas de fruta, aunque yo recomiendo prudencia con este método ya que los detergentes de cocina empleados para ello son tan venenosos como los propios pesticidas.

B) **Lave a fondo las verduras.** Para que el lavado de lechugas, coles, escarolas, etc., sea efectivo, es necesario dejar en remojo las hojas en un balde de agua con un buen chorro de vinagre durante al menos cinco minutos, ya que éste tiene la virtud de despegar los productos químicos adheridos. Posteriormente, un buen lavado bajo el chorro de agua corriente será suficiente para asegurarnos de la limpieza de la verdura.

C) **Rechace siempre los productos dudosos.** Cuando adquiera sus frutas o verduras, no dude en rehusar aquellas que presenten un color extraño o una capa blanquecina sobre las hojas: a éstas será prácticamente imposible librarlas de su peligroso manto químico.

D) **No adquiera ensaladas ya preparadas.** Esas ensaladas ya mezcladas y picadas que con tan buen aspecto se nos ofrecen dentro de un envase de plástico, no sólo han perdido la mayor parte de sus vitaminas sino que, con toda probabilidad, contendrán todos los insecticidas con los que han sido rociados sus ingredientes durante el crecimiento. Desde luego, tampoco son muy de fiar unas hojas partidas que conservan su color y textura durante días y días.

E) **Ojo con las frutas de piel no comestible.** Estas frutas, entre las cuales las más comunes son la naranja y el limón, son tratadas con pesticidas altamente tóxicos, tal vez por la teoría (desde luego arriesgada) de que se supone que usted no va a consumir de ningún modo la piel. Lave cuidadosamente estas frutas antes de pelarlas y si necesita utilizar la corteza de los cítricos para algún tipo de plato, asegúrese de que las piezas de fruta que adquiere proceden de pequeños huertos familiares o de plantaciones de cultivo ecológico.

Por último, deberemos tener en cuenta que el actual sistema de abonado a base de derivados del nitrógeno desequilibra la proporción natural de magnesio en la tierra. Observemos, por ejemplo, que un tomate cultivado con abonos sintéticos contiene menos de la mitad de magnesio que un tomate crecido con abono orgánico. Esto ha llevado a una deficiencia casi general en nuestros días de este importante mineral que participa en funciones tan importantes como el mantenimiento óseo o el buen funcionamiento del sistema nervioso, por lo que la toma diaria de un suplemento de magnesio (por otra parte no acumulativo y absolutamente inofensivo) sería de importancia para el mantenimiento de la salud.

Además, este sistema de abonado deja residuos nitrogenados dentro de la misma verdura que usted ingerirá con sus alimentos. España es un gran consumidor de nitratos y nitritos. Sin pretender, ni mucho menos, que se discrimine la compra de productos hortofrutícolas de ciertas comunidades autónomas, sí es cierto que varias de ellas destacan negativamente en cuanto a la utilización masiva de fertilizantes químicos, respondiendo tanto a los tipos de cultivos como a la extensión de la huerta, como ocurre en las zonas latifundistas y de grandes plantaciones. Así se refleja en el cuadro de la página siguiente.*

Lamentablemente, en estos productos no es obligatorio el etiquetado y el consumidor adquiere sus frutas y verduras sin saber qué tipo de productos químicos han sido utilizados en su cultivo. Aun así, existen algunas marcas de cultivo ecológico a las que puede recurrir si lo desea (puede obtener dicha información solicitándola al Consejo Regulador de Agricultura Ecológica, en Madrid).

Consumo en toneladas de abonos nitrogenados por hectárea cultivada y año (por CC. AA.)

Comunidad autónoma	*Abonos nitrogenados (ton.)*
Andalucía	249.000
Aragón	100.000
Asturias	2.600
Baleares	4.500
Canarias	11.750
Cantabria	1.900
Castilla-La Mancha	114.500
Castilla-León	246.700
Cataluña	74.800
Com. Valenciana	124.000
Extremadura	71.400
Galicia	20.500
Madrid	11.200
Murcia	24.900
Navarra	36.400
País Vasco	7.500
La Rioja	24.000

* Fuentes consultadas del Ministerio de Medio Ambiente.

Cereales y derivados

La alimentación humana está basada en el consumo de cereales: pan, pastas italianas, arroz, galletas, repostería, copos... Rara es la comida en la que no aparezca al menos un tipo de alimento a base de cereal. No en vano los cereales en su estado natural aportan una buena cantidad de vitaminas del grupo B y E, a la vez que de fibras y minerales tan importantes como el potasio, el fósforo, el calcio, etc. Sin embargo, nuestra manera de consumir los cereales no es en absoluto la más aconsejable: cultivados en grandes plantaciones en las que los agricultores lanzan sus chorros de pesticidas provistos de mascarillas, además se nos presentan tan refinados y manipulados que la semejanza entre, por ejemplo, un puñado de trigo recién cosechado y su plato de croquetas es la misma que puede haber entre un chorro de petróleo brotando del yacimiento y un neumático. Esto es bastante grave, ya que los cereales hiperrefinados carecen de la fibra, vitaminas (máxime la vitamina B_1), minerales y oligoelementos imprescindibles para la salud del ser humano.

Por último, algunos preparados a base de cereales (bases de pizzas, masas preparadas, etc.) incluyen en su composición conservantes y colorantes de dudosa confianza. Tampoco el pan es solamente agua, levadura, harina y sal: los aditivos que legalmente puede contener superan la veintena y aunque algunos son relativamente inofensivos (como el E-300: ácido ascórbico), otros no lo son tanto (E-260, E-270, E-262, etc.). No se libra de esta invasión el popular arroz de cocción rápida al que se le suele añadir esteres acéticos de los mono y diglicéridos de los ácidos grasos (E-471 y E-472a), ni las pastas alimenticias a las que se les adicionan sustancias tan poco recomendables como el ácido tartárico (E-334) o el glucono-delta-lactona (E-575), ni siquiera los cereales para el desayuno, que pueden contar entre sus ingredientes los E-338, E-339, E-340, E- 341, E-450, E-451 y E-452 hasta en la cantidad de 5 gramos por cada kilo de producto.

Si deseamos tomar cereales con una mínima seguridad, deberemos asegurarnos de que:

A) **Adquirimos cereales integrales.** Tanto en su forma original de grano como en copos, panes, pastas o galletas, existen a nuestro alcance marcas acreditadas que nos ofrecen productos derivados del cereal en estado integral.

B) **Adquirimos cereales de cultivo biológico.** Esta inscripción («de cultivo biológico») nos asegura que el cereal no ha sido tratado con pesticidas ni alimentado con nitratos. Mire siempre que lleve el aval del CRAE, del Consejo Regulador de su comunidad autónoma, o de alguna asociación digna de crédito como, por ejemplo, Vida Sana.

C) **Adquirimos productos libres de aditivos.** Por supuesto, deberemos leer siempre atentamente el etiquetado del envase, donde deberían figurar todos los aditivos utilizados en su fabricación y conservación, y rechace aquellos que contengan aditivos E. Lamentablemente, no en todos los casos esto figura con la claridad y transparencia que desearíamos. En este caso también podemos recurrir a marcas de producción biológica, que en muchos casos ofrecen buenos precios al mercado.

Carnes y pescados

La toxicidad para el ser humano de carnes y pescados, hoy en día, dista mucho de estar constituida solamente por las purinas (elementos de desecho) presentes en estos productos animales.

Respecto a las carnes, la utilización masiva de hormonas para lograr un crecimiento y engorde artificial del animal constituye un grave peligro para el consumidor habitual de carnes y derivados (casi todo el mundo ha oído hablar de los efectos devastadores del «clenbuterol», de uso y abuso frecuente en todos los países de la UE).

Los pescados, pese a no ser alimentados por el ser humano (excepción hecha de los peces de piscifactoría), sí son gravemente contaminados por éste. No olvidemos que los miles de toneladas de residuos que se vierten anualmente en nuestros mares son absorbidos por estos habitantes del agua. Evidentemente, si consumimos unas sardinas o un marisco contaminado, también nosotros ingeriremos dicha contaminación. El veneno más frecuente y peligroso es el plomo, metal pesado capaz de acumularse en nuestros tejidos y causar trastornos tan graves como la anemia, la esclerosis, la gota, las atrofias óseas o trastornos nerviosos y cerebrales como la depresión, el insomnio, los dolores de cabeza, los vértigos y el retraso cerebral.

Algunos consejos para consumir carnes y pescados son:

A) Evite las carnes «de oferta». Aunque no siempre sea así, en muchas ocasiones los supermercados y grandes almacenes ponen en venta a bajo precio carnes procedentes de la UE que no han pasado los controles necesarios de calidad. Prefiera las carnes que tengan la garantía del Consejo Regulador de su comunidad autónoma.

B) Desconfíe de los preparados. Las carnes picadas y envasadas que se nos ofrecen en las vitrinas de los hipermercados están autorizadas para llevar al menos siete aditivos distintos (E-331, E-332, E-333, etc.).

C) Rechace cualquier pescado que presente un sabor extraño, ya que probablemente se encuentre ante un pescado contaminado. Si se trata de peces de agua dulce (truchas, etc.), un sabor chocante puede estar indicando su procedencia de ríos con residuos tóxicos o de piscifactorías de poca garantía.

Embutidos y derivados cárnicos

Aunque fabricados a partir de distintas carnes, los embutidos merecen un apartado especial debido a sus especiales características.

Por un lado, los embutidos y derivados cárnicos (patés y *foies*) están compuestos de amasijos de carne que normalmente no son correctamente detallados en el etiquetado. Un escueto «carne de vacuno y porcino» o un «carne de ave» parecen ser suficientes para cumplir la normativa vigente al respecto. Y sin embargo, el consumidor se queda sin saber la proporción de cada una de estas carnes o incluso el tipo de ave que entra en la composición del embutido. Esto da lugar a todo tipo de picarescas ya que, por ejemplo, una salchicha con un contenido real del 0,5% de vacuno y del 99,5% de porcino, puede figurar como «carne de primera categoría de vacuno y porcino».

Por otra parte, los embutidos contienen indefectiblemente grandes cantidades de nitritos y nitratos (muy tóxicos) para su conservación. Pensemos que las carnes son un alimento altamente perecedero y precisan de conservantes tan peligrosos como el E-249, E-250, E-251, E-252 o el E-236.

Si bien no es aconsejable el consumo frecuente de embutidos en una dieta correcta, para aquellas ocasiones en las que deseemos tomarlos será conveniente tener en cuenta las siguientes advertencias:

A) Leer siempre el etiquetado. Esto no siempre es posible si se adquiere el producto al corte. De todas formas, en los hipermercados suele haber piezas enteras a disposición del público, donde usted puede informarse de los aditivos que incluye la marca que desea comprar.

B) Preferir los embutidos con menos aditivos. Todo embutido o cárnico industrial contiene conservantes, pero algunos presentan 6 u 8 distintos, entre los que nos «cuelan» colorantes (del E-100 al E-199), espesantes (del E-400 al E-499) y hasta los temibles potenciadores del sabor (del 620 al 625), vendiéndonos agua, colores y materias de relleno a precio de embutido. Elija siempre los que presenten menos «E» y rechace de mano aquellos cuya composición incluya glutamato monosódico o potenciadores varios.

Enlatados

Aunque los productos que se presentan conservados en latas pueden pertenecer a grupos alimenticios muy dispares (cárnicos, pescados, vegetales, etc.), todos presentan algunos inconvenientes similares derivados precisamente de su enlatado.

El primer problema procede del mismo hecho de poder permanecer un tiempo muy largo (años) dentro de un envase de metal. Las latas de conserva tienen una alta proporción de aluminio, metal que impregna con facilidad los alimentos y que acaba por llegar a nuestro estómago junto con el producto de conserva (por el mismo motivo no es recomendable cocinar con ollas o sartenes de aluminio). Las intoxicaciones por aluminio, no por lentas y progresivas, son menos dañinas: náuseas, cólicos, espasmos intestinales, calambres, dermatitis, psoriasis, demencia senil e incluso se sospecha que es una de las causas que desencadenan la enfermedad de Alzheimer.

Por otra parte, la amplia gama de aditivos que se utilizan en algunas de estas conservas es impresionante: nitritos y nitratos (potencialmente cancerígenos), colorantes, sulfitos, y todo tipo de lactatos (E-325, E-326, E-327), citratos (E-331, E-332, E-333), tartratos (E-335, E-336), acetatos (E-261, E-262, E-263), y un largo etcétera de intrusos poco deseables.

No olvidaremos tampoco que los enlatados de verduras o carnes importados de la Unión Europea pueden proceder (si no se especifica en el envase) de países nórdicos cercanos a la mayor catástrofe nuclear conocida, Chernobyl. España es un muy buen productor de conservas vegetales que, al menos, sabemos no están contaminadas por la radiación.

Para adquirir sus conservas, tenga siempre en cuenta:

A) **Opte por las conservas envasadas en cristal.** Si bien el cristal deja pasar la luz que destruye gran parte de la vitamina C, también es cierto que las verduras cocidas ya han perdido de por sí prácticamente toda esta delicada vitamina mucho antes de ser envasadas. Además, ayudará usted a mantener el equilibrio ecológico, ya que el cristal es reciclable y para ello existen contenedores al efecto, mientras que el metal de las latas es acumulado en enormes vertederos donde se hacina formando enormes montañas de material no biodegradable.

B) **Elija siempre aquellas libres de aditivos innecesarios.** En la actualidad existen cada vez más marcas comerciales que ofrecen sus productos conservados solamente con sal o con ácido cítrico o ascórbico (E-300 y E-330). Observe bien el etiquetado: en ocasiones algunos fabricantes hacen gala de que sus productos «no contienen colorantes ni conservantes» haciéndonos creer que son absolutamente naturales, cuando sin embargo sí contienen espesantes, edulcorantes sintéticos, aromas artificiales, etc.

C) **Opte por las conservas fabricadas en España.**

Precocinados

Dentro de este grupo incluiremos aquellos alimentos que se ponen a la venta ya cocinados y preparados. Hablamos de las sopas, purés de patata, pastas, verduras, etc., deshidratados, así como de la amplia gama de platos congelados: lasañas, canelones, patatas prefritas, hamburguesas, croquetas, empanadillas, comida oriental, y un largo etcétera. Estas comidas se presentan listas para freír, hervir o introducir en el horno, y aunque son un gran apoyo para las personas ocupadas que disponen de poco tiempo que dedicar a la cocina (el negocio de los precocinados ronda en España un volumen anual de ventas de 70.000 millones de pesetas), plantean algunos inconvenientes importantes.

Respecto a los alimentos deshidratados (sopas «de sobre» y similares), casi todos ellos presentan en su composición el pernicioso glutamato monosódico, o en su defecto, algún potenciador del sabor de su gama (del 620 al 625). Estos aditivos químicos aumentan el sabor del producto y engañan al consumidor, además de provocar efectos secundarios tan desagradables como jaquecas, palpitaciones, náuseas, etc. Además, podemos estar seguros de que nos encontraremos con una buena cantidad de colorantes y aromas artificiales (E-102, E-127, E-142, E-150, E-161, E-162, etc.). Por último, tengamos en cuenta que muchos de estos alimentos suelen contener sal en exceso, con los consiguientes perjuicios de una nutrición demasiado rica en sodio.

En lo que a los congelados se refiere, estos platos precocinados suelen ofrecernos un muy buen aspecto a cambio de incluir ingredientes de baja calidad: carnes picadas procedentes de piezas de tercera, vegetales «de saldo» que no reúnen la aptitud suficiente para venderse frescos, salsas compuestas fundamentalmente por agua, harina y aditivos, etc. A esto tenemos que añadir la ingente cantidad de espesantes, aromas, conservantes, antioxidantes, etc., que entran en su composición.

Un último problema: al someter a los alimentos a un proceso de congelación, las preciadas vitaminas del grupo B se vuelven inactivas, es decir, no aprovechables, por lo que las personas que se alimentan habitualmente con este tipo de preparados pueden acabar sufriendo importantes problemas de hipovitaminosis.

No puedo recomendar en absoluto el consumo de precocinados, pero si usted se ve obligado a acudir a ellos en alguna ocasión, debería tener en cuenta:

A) **Lea atentamente el etiquetado.** Éste es un consejo que deberíamos seguir en toda compra, ya que en él se especifican todos los ingredientes y aditivos que incluye el producto. Rechace de mano aquellos que contengan potenciadores del sabor y procure acudir a las sopas deshidratadas de marcas dietéticas que contengan el mínimo posible de aditivos químicos.

B) **En los congelados, compare marcas.** Algunas pretenden ofrecernos un producto más económico a costa de reducir ingredientes y sustituirlos por harinas y saborizantes. Respecto a los congelados a granel, no crea que son más inofensivos: precisamente por carecer de etiquetado, no sabemos qué aditivos contienen; presentan en muchas ocasiones grandes cantidades de ácido bórico y otras sustancias químicas que permiten que el producto conserve su color y textura original.

C) **Atención a los envases de aluminio.** Cuando usted hornea su plato precocinado dentro de este recipiente, el aluminio impregna los alimentos pudiendo provocar intoxicaciones y envenenamientos graves (véase el capítulo «Un entorno intoxicado»). Es preferible que extraiga la comida de este envase de aluminio y la caliente en un recipiente de barro o tartera tradicional.

Lácteos y derivados

Dentro de este grupo de alimentos (por otra parte, ricos en calcio y proteínas), existe una gran disparidad de calidades y marcas comerciales. Mientras que algunas de ellas venden realmente yogur, yogur con frutas, queso, requesón, etc., otras pretenden vendernos, con estas denominaciones u otras similares que inducen a engaño, todo tipo de derivados lácteos de dudosa composición en los que no existen ni fermentos lácteos, ni bacterias beneficiosas, ni frutas, ni queso, sino una serie de espesantes, colorantes y saborizantes de pésimo valor nutritivo y sospechosa peligrosidad tóxica.

Respecto a la leche, la mayor parte de las marcas ofrecen leche de bastante calidad. Sin embargo, algunos productores añaden conservantes o estabilizantes que no deberían ser necesarios en un producto envasado al vacío. Del mismo modo, algunas leches importadas de los países nórdicos (fundamentalmente, Suecia) de la Unión Europea proceden de granjas afectadas por la catástrofe nuclear de Chernobyl (26 de abril de 1986), tras la cual los productores de dichos países se vieron obligados a tirar miles de litros de leche radiactiva. Si tenemos en cuenta que el principal elemento radiactivo que contaminó Europa fue el cesio-137 y que éste tiene una vida activa de entre veinte y treinta años, nos daremos cuenta de que estas leches pueden estar aún fuertemente radiadas.

Para comprar sus lácteos:

A) Asegúrese de que los yogures son lo que aparentan. Compruebe primeramente si se trata de verdadero yogur o de un derivado lácteo. Luego verifique que contiene fruta y no «sabor a», y finalmente rechace aquellos que se sostienen sobre un pilar de tres, cuatro o hasta media docena de aditivos distintos. Desestime los yogures edulcorados: su dulzor suele proceder de edulcorantes químicos, mucho más baratos para el productor que el azúcar (y por supuesto mucho más que la miel o el azúcar de caña).
B) Prefiera los lácteos fermentados ricos en bifidobacterias. Son altamente beneficiosos para la salud de su intestino.
C) Ojo con los requesones: los hay naturales y los hay que, con atractivos diseños, contienen multitud de estabilizantes, colorantes y sabores artificiales.
D) Que su leche sea sólo leche. Rechace enérgicamente aquella que, en una esquina de su *tetra brik*, informe de que a la leche homogeneizada se le ha añadido algún tipo de «E».
E) En España tenemos excelentes leches. Nuestras vacas están sanas y no han estado expuestas a radiaciones nucleares. Desconfíe de las leches comunitarias de bajo precio que no especifican el país de origen.
F) Opte por los quesos naturales, es decir, aquellos que pueden adquirirse al corte y que se endurecen y enmohecen con el tiempo. Sospeche de las lonchas envasadas y de duración ilimitada, entre cuyos ingredientes están autorizados, además de conservantes, colorantes y saborizantes, aditivos como el E-551 (dióxido de silicio), el E-552 (silicato cálcico), el E-553b (talco) o el E-559 (silicato alumínico).

Aceites y grasas

Si existe un producto que realmente responda a la denominación de aceite natural, éste es el zumo (aceite) de semilla virgen de obtención por primera prensada en frío. Todo lo que no sea este producto comienzan a ser distintos tipos de grasas más o menos adulteradas.

Está demostrado que uno de los más beneficiosos para el organismo es el aceite de oliva, pero lamentablemente el que se vende comúnmente en las estanterías de los supermercados no reúne los requisitos mínimos para considerarse «natural», es decir, libre de química y manipulaciones que repercutan en la calidad del producto. Estos aceites refinados pasan en su elaboración por un proceso de filtrado (en ocasiones se utiliza como disolvente el hexano), calentamiento (hasta 200 °C) que destruye totalmente la vitamina F y parcialmente la vitamina E, neutralización, decoloración y desodorización. El resultado final es un aceite desvitalizado, carente de las propiedades que se le suelen atribuir y que ocupa el lugar que le pertenece al verdadero aceite: el obtenido por primera prensada en frío.

En lo que concierne al resto de grasas comestibles, las mantequillas presentan un alto nivel de grasas saturadas y colesterol, lo que las hace desaconsejables para el consumo diario. Las margarinas, y pese a lo que la publicidad pudiera hacernos creer, no son más saludables que las anteriores, ya que pese a no presentar el mismo tipo de grasas pesadas, en su fabricación son sometidas a un refinado muy complejo en el que entran en contacto con las grasas productos químicos tales como el mencionado hexano, el ácido fosfórico, e incluso en ocasiones el ácido clorhídrico o sulfúrico. Posteriormente dichas grasas son hidrogenadas en combinación con un catalizador, operación que les da la duración necesaria para permanecer varios meses en las estanterías de su supermercado sin enranciarse.

Los consejos para adquirir sus aceites son claros:

A) Compre siempre aceites vírgenes de primera prensada en frío. Reúnen todos los requisitos del buen aceite y conservan todas sus propiedades terapéuticas además de las vitaminas E y F. El de oliva (el más sabroso, por otra parte) lo encontrará con facilidad en cualquier supermercado. Compare marcas: algunas ofrecen la misma cantidad que los corrientes (un litro) a un precio sólo ligeramente superior, mientras que otras le cobrarán el envase de cristal y/o la publicidad vendiéndole sólo tres cuartos de litro o incluso medio litro a un precio excesivo.

Fíjese en que en la etiqueta de los aceites venga claramente especificada la declaración de que han sido extraídos de la primera prensada del fruto en frío.

B) Atención a los orujos. Huya de esas botellas de precio increíblemente bajo en las que figura la inscripción «aceite de orujo de oliva». Estos aceites proceden del tratamiento con agentes químicos de las pulpas sobrantes de la aceituna que son desechadas tras la fabricación de los buenos aceites. Recuerde que «nadie da duros a cuatro pesetas»: estos aceites son de pésima calidad y resisten muy mal las altas temperaturas de las frituras, degradándose con facilidad.
C) Prescinda de las margarinas. Si alguna vez desea darse un gusto, elija las mantequillas, de origen animal, pero al menos no tratadas con agentes químicos ni hidrogenadas.
D) Por supuesto, rechace las grasas porcinas. El sebo no debería ser utilizado jamás para la alimentación debido a su altísimo contenido en colesterol y grasas saturadas. No olvide que este tipo de grasas animales está oculto en la composición de muchas masas de hojaldre, pasteles, etc.

Postres industriales

¡Cuánto echamos de menos a veces los bizcochos o las tartas que nos hacían nuestros padres o nuestros abuelos! Confeccionados a base de harinas de trigo recién molido, huevos caseros, levadura natural, frutos secos molidos, leche en muchas ocasiones procedente de sanas y hermosas vacas del pueblo, y azúcar o incluso miel, eran postres exquisitos y de gran valor nutritivo.

En la actualidad proliferan los dulces y productos pasteleros fabricados en serie y con materias primas de baja calidad: harinas pobres, edulcorantes químicos, levaduras químicas y emulgentes, jaleas de incierta composición, colorantes, conservantes, etc. Presentados en envases de plástico o cartón, son capaces de mantenerse «frescos» y blandos durante meses, lo que ya nos puede dar una idea de la artificialidad de dichos productos.

Los helados industriales no difieren mucho de lo anteriormente expuesto. Le propongo que lo compruebe por usted mismo: acuda a un supermercado y tome una barra de helado de la marca que prefiera, agárrese bien al arcón congelador y lea atentamente la letra pequeña donde se especifica la composición del helado; luego puede contar su aventura en casa.

Sería agotador para el lector enfrentarse a la dilatada lista de aditivos químicos permitidos en la fabricación de estos postres. Basta con decir que estos alimentos carecen de vitaminas y minerales apreciables, siendo poco más que materias «muertas» cargadas de azúcares industriales, grasas saturadas y sustancias químicas realmente poco deseables para nuestra nutrición.

Por tanto, respecto a los postres industriales no podemos dar más que un consejo:

Absténgase de adquirir estos productos. Prefiera una pastelería de confianza o, aún mejor, elabore sus propios postres con materias primas de calidad.

Bebidas preparadas no alcohólicas

En este amplio grupo podemos incluir las bebidas gasificadas (colas, refrescos, etc.) y los zumos y néctares industriales.

Respecto a los refrescos, se trata de unas bebidas a base de agua, aromas artificiales, azúcar, en ocasiones gas carbónico y raras veces un tanto por ciento (entre el 2% y el 25%) de zumo de fruta. Carecen de valor nutritivo destacable y por el contrario presentan unos niveles de azúcar a todas luces excesivos. Entre los más químicos se encuentran las colas, tónicas y similares, fabricados a golpe de aditivo; algunos refrescos de nueva generación incluyen más zumo y menos productos químicos, pero continúan presentando el problema de su altísima concentración de azúcares, netamente perjudicial para el organismo. Por otra parte, la legislación vigente parece tratar a este tipo de bebidas con una inusitada benevolencia, ya que mientras que en otros artículos alimenticios es obligatorio que figuren las nomenclaturas de los aditivos (con su nombre o su equivalente en «E»), en éstos basta con señalar un «edulcorantes, colorantes y aromas autorizados», con lo que el consumidor de estos productos en realidad no sabe qué es lo que está bebiendo.

En lo que concierne a los zumos y néctares industriales, debemos tener en cuenta que en su fabricación son pasteurizados, es decir, son sometidos a un proceso de eliminación de las bacterias patógenas por calor que, si bien es inferior a la temperatura de ebullición y no afecta al resto de las vitaminas, sí destruye parte de la vitamina C, muy sensible al calor y precisamente la más representativa en la composición de las frutas. Además, la mayor parte de los fabricantes incorporan a sus zumos grandes cantidades de azúcares a fin de aumentar el sabor de la bebida y disimular su alto contenido en agua. El añadir colorantes y/o aromas acaba por contribuir a hacer de estos productos meros halagadores del paladar sin demasiado valor nutritivo y excesivamente artificiales.

Las recomendaciones a tener en cuenta serían las siguientes:

A) Elija los refrescos menos químicos. Aunque ninguno de ellos reúne los requisitos para poder denominarse «natural», sí es cierto que existen algunas marcas no gasificadas, con mayor proporción de zumo y/o menos aromas y colorantes. Huya como de la peste de aquellos refrescos fabricados exclusivamente a partir de polvos industriales y que se reconocen por su sabor poco logrado.
B) Tome los zumos industriales como placer esporádico. De ninguna manera debe caer en la errónea idea de que los zumos envasados tienen las mismas propiedades que los hechos en casa. El verdadero y curativo zumo de frutas es aquel que se obtiene al exprimir piezas frescas y es consumido en el acto sin ningún otro tipo de añadidos.

Bebidas adictivas: café y té

Aunque constituyen un grupo muy pequeño de productos alimentarios, estas dos infusiones tienen una presencia ciertamente notable en nuestra dieta diaria. Solamente el café mueve miles de puestos de trabajo en nuestro país entre casas torrefactoras, envasadoras, distribuidores y repartidores, así como en su presencia indispensable en bares, cafeterías y restaurantes. Pero el café no es tan inofensivo como algunas personas todavía creen.

Todos sabemos ya que la sustancia activa que hace del café la primera droga alimentaria en Europa y Estados Unidos, es la cafeína. Con propiedades estimulantes y reductoras de la fatiga, es utilizado como medio para «despertar» en casi la totalidad de los hogares de nuestra sociedad. Sin embargo, la cafeína debería utilizarse única y exclusivamente a modo de medicamento y en algunas ocasiones especiales, ya que no sólo es sumamente adictiva, sino que en los consumidores habituales de más de tres tazas al día (los daños son directamente proporcionales al número de dosis diarias) la cafeína produce trastornos nerviosos y del sueño, estreñimiento crónico, gastritis y desarreglos cardíacos (palpitaciones, taquicardias, etc.).

Si el café natural provoca estas disfunciones, podríamos hablar bastante peor del café descafeinado, del torrefacto y del soluble.

Es cierto que el café descafeinado está libre de al menos el 90% de la cafeína original. Sin embargo, para lograr ese proceso de descafeinado, el grano se ve sometido a procesos químicos que inevitablemente dejan residuos (sería algo similar a lo que ocurre con el aceite refinado), residuos que usted toma junto con su café.

En el torrefacto, como su nombre indica, el café es sometido a un torrefactado a altas temperaturas que le da al grano ese color negro (quemado, diría yo). En este tueste abrasador y por efecto del gran calor soportado, el café produce unas toxinas similares a las de la carne quemada o ahumada. Está ampliamente demostrado que estas sustancias son cancerígenas.

El café soluble, cuyas cifras de ventas en España se cuentan por cientos de millones de pesetas anuales, es, si cabe, aún más pernicioso, ya que para lograr la liofilización, el grano molido pasa por un complicado proceso industrial en el que se utilizan productos químicos potencialmente peligrosos.

Respecto al té y pese a que esta infusión no está demasiado extendida en España, varias empresas consiguen excelentes beneficios comerciales vendiendo bolsitas de té para infusión, a la vez que algunas nuevas marcas de refrescos incluyen esta bebida en su composición.

La idea de que el té es menos perjudicial que el café carece de fundamento científico. La teína es un alcaloide directamente relacionado con la cafeína y tiene similares efectos en el organismo. Si usted es consumidor de varias tazas de té al día, sabrá que provoca parecido nerviosismo y similar adicción. Respecto a las variantes, comienzan a comercializarse tés «desteínados» que han sido sometidos a los mismos procesos industriales que el café y que no son en absoluto recomendables.

Si usted es consumidor de estas bebidas, sepa que:

A) **Debe tomarlas con moderación.** Una, a lo sumo dos tazas diarias, es la dosis máxima tolerable. A partir de esta cantidad, su estómago, hígado y páncreas comenzarán a resentirse antes o después. Recuerde que son bebidas tóxicas y adictivas.
B) **Elija siempre un café (o un té) natural.** Evite los torrefactos, los descafeinados y los solubles, mucho más perjudiciales para la salud.

Bebidas alcohólicas

No hay por qué desdeñar las bebidas alcohólicas por norma. Una cerveza natural, un buen vino o un coñac de calidad, tomados con lógica y moderación, no originan daños en un organismo de mediana salud y hasta pueden resultar beneficiosos. Sin embargo, es importante que nos aseguremos de la composición y procedencia de las bebidas alcohólicas que consumimos, ya que muchos de los perjuicios ocasionados por éstas en el hígado, estómago, intestino, etc., vienen en ocasiones más de la mano de la fabricación química de estos productos que de su contenido en alcohol.

El vino es un alimento vivo, y como tal nos aporta fermentos y enzimas que colaboran en la digestión de los alimentos (en especial, las carnes y los derivados animales). Un vaso de buen vino con las comidas no tiene por qué perjudicar a nadie mayor de edad y que no padezca una enfermedad hepática grave. Lamentablemente, algunos de los vinos que se venden en los supermercados (hoy en día ya incluso en las bodegas) son fabricados por métodos químicos, siendo la participación de la uva en su composición ciertamente pequeña. Además, estos vinos de baja calidad contienen colorantes artificiales (de alguna manera hay que darles el tono «tinto»), antioxidantes (E-338, E-339, E-340, E-341, etc.) e incluso estabilizantes y/o emulgentes (E-450, E-451, E-452, E-473, E-475, E-481, E-482, etc.). Estos vinos se reconocen fácilmente por su bajo precio, porque en muchas ocasiones se presentan envasados en *tetra brik* y, sobre todo, por su paladar uniforme y carente de los matices aromáticos de los buenos caldos.

En cuanto a las cervezas, contamos con la ventaja de poder leer su composición en los laterales de los envases. De este modo podremos elegir aquellas cervezas que contengan menos aditivos químicos, como estabilizantes de la espuma (E-405, o polifosfatos E-450), antioxidantes, etc.

Los licores pueden dividirse en dos grandes grupos: los de color y los blancos. Entre los primeros (coñac, brandy, whisky, ron de caña, etc.) usted puede encontrar marcas reconocidas y de fabricación tradicional menos dañinas y que se reconocen fácilmente por su sabor profundo y compacto, por su precio (en los buenos licores no suele haber ofertas), y sobre todo porque, si su consumo es razonable, no dejan secuelas tan desagradables al día siguiente como dolor de cabeza, náuseas, etc. Respecto a los segundos (ginebra, vodka, etc.), son bebidas creadas fundamentalmente para combinar con refrescos y destinadas a un público bastante definido como es el joven. Fabricadas por destilación, son refinadas y blanqueadas hasta que en ellas no queda el menor residuo de enzimas ni de fermentos vivos. Basadas en la química (E-420, E-421, E-953, E-965, E-966, E-967, etc.), atacan fuertemente el hígado y no pasan de ser aguas alcohólicas de distintas calidades y similares graduaciones (entre 38° y 40°), sin otro efecto que el de alterar el estado de conciencia por embriaguez.

Atención a los licores llamados «de frutas»: la mayor parte de los que se venden en los supermercados no son otra cosa que alcoholes de graduación media a los que se les han añadido edulcorantes, sabores artificiales, aromas químicos y en ocasiones colorantes. Prefiera adquirir sus licores en tiendas especializadas, donde podrán aconsejarle sobre las marcas que han elaborado su producto realmente a partir de la fruta.

Si es usted consumidor de bebidas alcohólicas, no olvide que:

A) La moderación en su consumo es fundamental para mantener la salud. Beber en exceso causa adicción, daña el hígado, el sistema digestivo y finalmente el cerebro.

B) Elija sus bebidas alcohólicas de calidad. Puede recurrir a un experto que le aconseje sobre marcas y casas fabricantes.

C) Ponga especial cuidado cuando beba fuera de casa. Demasiados bares y locales nocturnos se han convertido en verdaderos especialistas del rellenado de botellas (embudos, jeringuillas, etc.). Usted pagará alcoholes de baja calidad (popularmente llamados «de garrafón») a precio de marca, y al día siguiente sufrirá sin lugar a dudas los efectos de una intoxicación etílico-química, es decir, una buena resaca.

Si le es posible, pida que abran una botella para usted y que la desprecinten en su presencia. Si no, huya de las bebidas blancas, que, además de presentar todas el mismo color, son las que tienen más imitaciones baratas en el mercado. Elija una bebida de color y a ser posible una marca concreta: de este modo usted conocerá y distinguirá a primera vista el color de su bebida favorita original y podrá rechazar un sucedáneo antes de que se lo sirvan.

Lo que comen nuestros hijos

Si existe un grupo de alimentos en el que deberíamos poner todo nuestro cuidado para que fuera lo más natural y sano posible, éste es el de los productos destinados a la nutrición infantil. El niño posee un organismo en continuo desarrollo y precisa de materiales «de construcción» (vitaminas, minerales, enzimas, proteínas, etc.) en cantidad y calidad suficientes. La deficiencia en este importante aspecto hará de nuestros pequeños enfermos del mañana o, peor aún, del presente. Por desgracia, en la actualidad los niños no siempre se alimentan correctamente: padres que trabajan (y que bastante hacen con intentar pagar las facturas) y por tanto demasiado ocupados para elaborar una cocina tradicional, comidas en los centros escolares, bollos y pasteles industriales que sustituyen las meriendas, golosinas múltiples al alcance de su paladar ávido de dulce..., todo ello hace que nuestros hijos sufran, ya desde la más tierna infancia, los perjuicios de una alimentación industrializada.

Vamos a analizar algunos de los productos de más frecuente consumo entre los pequeños:

Papillas y «potitos»

Pocos son los bebés a los que se les alimenta hoy en día con purés de frutas, cereales, etc., hechos en casa. El coste relativamente bajo de estos productos envasados y la publicidad que de ellos se hace inducen a los padres a alimentar a sus hijos con papillas y «potitos» con la buena fe de que están dándole a su pequeño lo mejor.

Las papillas, a base de cereales refinados, no son perjudiciales, pero le recomiendo que elija aquellas bajas en gluten y que, por supuesto, no contengan aditivos artificiales.

En los tarritos, no cabe duda de que la relación proteínas/hidratos de carbono/grasas es medida y cuidada por el fabricante. En este sentido, el bebé no estará mal nutrido. Sin embargo, deberemos destacar dos aspectos importantes que, por supuesto, no se mencionan en las propagandas televisivas, como son la destrucción de buena parte de las vitaminas por la exposición prolongada a la luz (los tarritos infantiles vienen envasados en vidrio), y la desvitalización que los alimentos sufren a medida que transcurre el tiempo desde la fecha de fabricación hasta su consumo, lapso de tiempo que puede ser de meses.

Respecto al primer punto, recordemos que la vitamina C es tremendamente frágil y se destruye con la exposición al calor y a la luz. Unas papillas de frutas envasadas en vidrio y colocadas en el expositor del establecimiento de venta durante semanas, carecerán de esta importante vitamina (como mucho, es posible que el fabricante agregue una cierta cantidad de vitamina C sintética).

En lo que concierne a la frescura de los alimentos, los vegetales pierden la mayor parte de sus propiedades saludables a partir del segundo día tras su cocinado. Los naturistas recomendamos siempre no cocer más verduras (incluidos las patatas, los tomates, las zanahorias, etc.) de las que se vayan a consumir en el plazo máximo de cuarenta y ocho horas, ya que aquéllas pierden su frescura, sus enzimas se vuelven inactivas y, en fin, carecen ya de la mayor parte de su vitalidad. Por tanto, los tarritos de purés que, insisto, permanecen durante semanas en las estanterías son productos «agonizantes» y mermados en sus cualidades benéficas.

Por ello y en beneficio de la salud de su bebé:

A) **Prefiera la cocina casera a la envasada.** Hacer una papilla de frutas dulces, o un ligero puré de verduras o de copos de cereales, no supone tanto tiempo como parece en un principio. Las personas muy atareadas podrán, al menos, cocinar sanos platos para sus hijos los fines de semana y en la época vacacional.
B) **No es necesario cocinarlo todo.** Aún más sencillo que hervir las frutas y pasarlas por el chino, es darles a los niños algunas piezas al natural bien peladas y cortadas en trocitos. Buscaremos las frutas maduras y preferiblemente no demasiado ácidas (plátano, manzana, pera, naranjas dulces, etc.). La fruta cruda es un alimento de primer orden y, casi podríamos decir, un medicamento, ya que previene enfermedades y nutre al organismo de vitaminas y minerales de gran importancia. Si su hijo no es muy partidario de las frutas crudas, un zumo diario será un buen sustituto de ellas (la variedad es infinita: naranja con manzana, pera con melocotón, o incluso alguna fruta con zanahorias).

Bollos y pastelitos industriales

No cabe duda de que los pastelillos y bollos envasados tienen un aspecto agradable a la vista y un sabor excelente para los niños. La publicidad hace el resto. Se ha calculado que en 1999 el gasto anual per cápita en España de este tipo de productos osciló entre las siete mil y ocho mil pesetas. Si consideramos que las personas mayores de veinticinco años raramente consumen este tipo de alimentos, la cifra entre nuestros niños y jóvenes se dispara de una manera alarmante.

El principal problema que surge con el consumo habitual de estos pastelitos industriales es el colesterol. No nos extrañaremos de que, cada vez más, aparezcan niños con un alto nivel de colesterol en sangre (exceso hace unos años exclusivo de personas mayores de cuarenta años) si vemos que, por ejemplo, para un pastelito de 50 gramos de peso, la cantidad de colesterol aportada a la dieta es de entre 35 y 45 miligramos La cantidad máxima recomendada de consumo de colesterol diario en la alimentación es de 150 miligramos para un niño de entre seis y diez años, con lo que, sumando las demás grasas saturadas presentes en el resto de los productos alimenticios consumidos en el día, no es difícil que un niño rebase, en ocasiones con mucho, esta cantidad máxima.

Tampoco el aporte calórico de estos alimentos los hace recomendables. En muy pocos gramos de producto hay muchas calorías (entre 375 y 500 kilocalorías por 100 gramos de alimento) y demasiados azúcares. El consumo habitual de pastelitos puede llevar a nuestros hijos a una obesidad difícil de combatir o incluso a una condición favorable a la aparición de diabetes.

La cosa se complica aún más con la manifestación de aditivos químicos que conserven, impidan la oxidación y den aroma y color al producto. Colorantes como la tartracina (E-102), de uso frecuente en esta bollería, pueden provocar en el pequeño urticarias, rinitis y reacciones alérgicas cutáneas o asmáticas. Tampoco el E-110 y el E-124 presentan garantías para chicos de tan corta edad, ya que es posible que desarrollen nerviosismo e hiperactividad. Respecto a los antioxidantes, se han detectado en varias marcas de pastelitos el E-320, E-321 y el E-312, susceptible de provocar irritaciones gástricas en niños sensibles al ácido acetilsalicílico. Entre los conservantes, el más peligroso es el E-281, ya que parece ser que puede causar dolores de cabeza recurrentes de tipo jaqueca o migraña por vasodilatación.

Aunque la postura ideal sería que sus hijos se abstuvieran de consumir pastelitos industriales, reconozco que ésta es una labor casi imposible hoy en día. Para preservar la salud de los pequeños y prevenir futuras enfermedades, conviene que lea atentamente los siguientes consejos a seguir:

A) Cómprele usted los pastelillos a su hijo. De este modo podrá usted elegir entre los menos dañinos, cosa incontrolable si es el propio niño el que los adquiere.

B) Analice atentamente el etiquetado. Entre unas y otras marcas existe una gran disparidad: algunas incluyen un número exagerado de colorantes y conservantes, mientras que otras se limitan a añadir aquellos indispensables para la buena presentación y conservación del producto. Igualmente procure evitar aquellos pastelillos que incluyan manteca o grasas animales.

Caramelos y golosinas

Poco se puede decir que no se sepa sobre estos productos: carentes de vitaminas, minerales y de cualquier tipo de sustancia nutritiva, no son más que unos compuestos de azúcares, edulcorantes, aromas, y aditivos mil. Absolutamente perniciosos para la salud del niño, debería evitarse radicalmente su consumo, ya que son fuentes de caries, desarreglos digestivos, agotamiento de las glándulas suprarrenales y diabetes.

No hay otro consejo posible que suprimirlos por completo y, si algún día su hijo insiste en tomar un caramelo, hágaselo usted mismo con azúcar moreno requemado, frutos secos picados y un palillo: coloque un pequeño cucurucho de papel cerrado por la punta (puede sujetarlo en la boca de una botella) y vierta en él el azúcar requemado con los frutos secos deshechos; coloque un palillo redondo en el centro y déjelo enfriar: le aseguro que su sabor es realmente delicioso.

Aperitivos industriales y masas fritas

En este grupo podemos englobar el resto de «chucherías» que los niños adquieren en los quioscos y comen diariamente, muchas veces sin que los mismos padres seamos conscientes de ello (en el recreo, a la salida del colegio, etc.). Entre ellos figuran las patatas fritas «chips», el maíz tostado, las pipas y las masas de cereales («gusanitos», bolitas con sabor a queso, etc.).

Los aperitivos basados en los frutos secos no son perjudiciales e incluso tienen en su composición vitaminas y minerales aprovechables por el organismo. Sin embargo, las patatas fritas ya conservan muy poco del valor de la patata, pasando a ser su contenido casi todo grasas.

Respecto a las masas fritas o hinchadas, la situación empeora bastante ya que el cereal del que proceden está hiperrefinado y carece de la menor calidad nutritiva; estos productos contienen, sin embargo, gran cantidad de colorantes, aromas y sabores artificiales (los que se anuncian con sabor a queso no tienen el menor rastro de queso, los de jamón son simples ahumados, etc.).

Convendrá tener en cuenta:

A) Deje a sus hijos consumir frutos secos cuantos quieran. Aunque los mayores beneficios se obtienen de la semilla cruda, las pipas, los cacahuetes, los pistachos, etc., que se venden envasados siguen aportando una buena cantidad de vitamina E y minerales.
B) Atención a las patatas fritas. Rechace aquellas que presenten sabor a barbacoa, jamón, etc., ya que dichos sabores proceden de aromas artificiales y de ahumados (éstos gravemente perjudiciales para la salud y potencialmente cancerígenos).
C) Intente que sus hijos no consuman masas fritas o hinchadas. No tienen valor alimenticio, contienen demasiados aditivos, «ensucian» el estómago y sacian el apetito aportando grasas y calorías vacías.

El agua

No todas las aguas son sólo hidrógeno, oxígeno y residuos minerales, y mucho menos el agua que obtenemos en nuestras casas cuando abrimos el grifo. Acumulada en embalses y depósitos gigantescos, el agua corriente procede de pantanos, fuentes subterráneas y, en algunos lugares de España, del filtrado del agua del mar, es decir, procede de nuestra tierra y está sometida a los mismos agentes contaminantes que ésta. Pero ¿qué más puede llevar ese líquido que surge a tan bajo precio, litro tras litro, de nuestras tuberías?

El primer grupo de agentes contaminantes del agua procede de las industrias. Pesticidas, insecticidas, fertilizantes, nitritos, nitratos, fosfatos, metales pesados, etc., son vertidos al medio ambiente sin escrúpulo ninguno por las grandes fábricas en cantidades increíblemente enormes, y esta contaminación no se «queda ahí» como si pudiese quebrar las leyes de la naturaleza, sino que se incorpora al ciclo vital de la Tierra invadiendo los campos, el aire y, por supuesto, el agua, esa agua que confiadamente bebemos cuando colocamos un vaso bajo el grifo.

Entre los sobrantes tóxicos más peligrosos que puede llevar el agua se cuentan, según datos de la UE sobre residuos tóxicos, algunos como el arsénico, el mercurio, los solventes clorados, los compuestos de cromo hexavalente, el antimonio, el cianuro, residuos de materiales alquitranados, compuestos organohalogenados, carbonilos, cloratos, percloratos, peróxidos, teluro, benzeno, tetracloroetileno, biocidas y hasta residuos de medicamentos y compuestos farmacéuticos, todos ellos capaces de provocar hepatitis, fallos renales, deterioro mental, cáncer y un largo etcétera de enfermedades ciertamente graves. Impresionante, ¿verdad?

España, pese a su escaso peso en Europa y su alto nivel de paro, es, sin embargo, un país excesivamente contaminado. Cada año, España arroja 2.200.000 kg de residuos tóxicos al mar, a los ríos, a la atmósfera, etc., que, por supuesto, revierten primero en nosotros mismos y en nuestras aguas, y más tarde en el resto del mundo. Comparada con Bélgica (1.000.000 de kg/año), Holanda (también 1.000.000 de kg/año), Suecia (500.000 kg/año) o Irlanda y Dinamarca (con sólo 100.000 kg/año), cabe preguntarse si es que en nuestro país tenemos tantísima industria productora de bienestar económico y de puestos de trabajo, o es que nuestras fábricas vierten impunemente sus desechos como y cuando quieren, sin que haya una legislación seria y eficaz que ponga remedio a esta calamidad.

Veamos un ejemplo de cómo repercute la contaminación ambiental en nuestras aguas: las industrias pesadas lanzan al aire grandes cantidades de, entre otros, metales tóxicos (mercurio, níquel, cadmio, plomo, etc.). Poco tiempo después, la lluvia y los agentes atmosféricos arrastran estos metales y los derraman en el suelo, donde van acumulándose y filtrándose progresivamente a cada nueva lluvia o nevada. Al cabo de algunos años, los metales venenosos calan hasta llegar a una veta o corriente de agua subterránea, donde son disueltos en el agua y transportados hasta los embalses de regadío y de suministro de agua a las ciudades. Es decir: esos humos que ve surgiendo de las chimeneas de las industrias, se los va a acabar bebiendo usted.

Uno de los contaminantes más habituales de nuestras aguas, y no por ello menos peligroso, es el grupo de los nitratos. Prácticamente omnipresentes en nuestros acuíferos, proceden de la actividad agrícola común (no biológica) y constituyen un grave peligro para nuestra salud ya que se trata de sustancias altamente venenosas. Vemos, por ejemplo, cómo el máximo aceptado por el Ministerio de Medio Ambiente (un máximo bastante alto, por cierto) es de 50 miligramos de nitratos por litro de agua, y sin embargo en numerosas zonas de nuestro país se supera este tope llegando incluso a cantidades de contaminación de 100 miligramos por litro y más.

Para observar esto de una manera más concreta, vamos a ver un pequeño esquema de la situación actual de nuestras cuencas según la cantidad de nitratos detectada.*

B= Buena; T= Tolerable; M= Mala; P= Pésima

B ⟶ Sin apenas análisis que superan los 50 mg/l
T ⟶ Hasta el 25% de análisis que superan los 50 mg/l
M ⟶ Hasta el 50% de análisis que superan los 50 mg/l
P ⟶ Más del 50% de análisis que superan los 50 mg/l

Contenido en nitratos de las aguas por cuencas

Cuenca Norte	B
Cuenca del Duero	M
Cuenca del Tajo	T
Cuenca del Guadiana	M
Cuenca del Guadalquivir	M
Cuenca Sur	P
Cuenca del Segura	B
Cuenca del Júcar	P
Cuenca del Ebro	T
Cuenca del Pirineo Oriental	M
Islas Baleares	M
Islas Canarias	M

* Fuentes consultadas del Ministerio de Medio Ambiente.

Por supuesto, igualmente tóxicos y de mucha más rápida repercusión en el medio ambiente son los vertidos directos a nuestros ríos, hermosas corrientes de agua fresca que no hace apenas ni 60 años hervían de vida y ahora están convertidas en pestilentes sumideros donde no podría sobrevivir ni el más resistente de los peces.

Pero aún existe **un segundo grupo de productos contaminantes** del agua: aquellos que el mismo Ministerio de Sanidad autoriza para añadir al agua corriente a fin de hacerla potable, frenar la proliferación de bacterias y, sobre todo, ahorrarse un montón de trabajo que se podría realizar para mantener el agua en buen estado sin necesidad de estas ingentes cantidades de añadidos químicos. Entre ellos, los más abundantes y perniciosos son el cloro y el flúor.

Hagamos un experimento: tome usted un vaso de agua del grifo y déjela reposar sobre la mesa de la cocina o donde le plazca durante un día (unas veinticuatro horas). A continuación intente beber un trago: ¿ha podido usted beberla o la ha escupido en cuanto ha llegado a su paladar por el terrible sabor a cloro?

El cloro es un compuesto venenoso que nuestras aguas corrientes traen como aditivo en gran cuantía, ya que impide el crecimiento de microorganismos. «Es imprescindible, entonces»,puede pensar legítimamente alguno de ustedes. Evidentemente, es imprescindible en aguas estancadas. Si nos fijamos en una charca de aguas paradas, veremos la cantidad de organismos que habitan en ella: desde invisibles bacterias, hasta todo tipo de insectos voladores (como las hermosas luciérnagas) que recorren la superficie de las aguas, pasando por diminutas amebas, pequeños «zapateros» y un largo etcétera. Pues bien, si el agua que nutre nuestras ciudades no procediera de embalses y depósitos estancados y en poco cuidadas condiciones higiénicas, no sería necesario ni el 10% de los productos químicos que se le añaden. Un proceso de pasteurización o hervido también sería suficiente para solventar el problema, aunque esto requeriría un gasto mayor para el gobierno y los ayuntamientos, cosa que no parece entrar en sus presupuestos.

La concentración de cloro en el agua corriente es a todas luces excesiva y dañina para el ser humano. Les ruego encarecidamente que no realicen este ensayo (el animal no lo merece), pero en cierta ocasión observé horrorizada cómo un renacuajo de rana de considerables dimensiones agonizaba hasta morir en una pequeña pecera llena de agua tomada de un grifo. Lamentablemente, en ese caso no pude hacer nada más que avergonzarme de pertenecer a la especie humana.

Otro compuesto que, en las dosis presentes en el agua, se convierte en venenoso es el flúor. Pese a todo lo que se ha oído hablar sobre la prevención de las caries por este mineral, no está en absoluto demostrado que esto sea así, mientras que por el contrario sí es cierto que el flúor se acumula en nuestro organismo lentamente invadiéndolo y siendo causa de enfermedades tales como los trastornos óseos por excesiva acumulación de calcio.

Además de éstos, un análisis detallado de nuestras aguas corrientes puede dar muestras de restos de detergentes, lejías, etc.

Medidas alternativas en el consumo de agua

Existen dos métodos alternativos para poder consumir agua con ciertas garantías: los filtros de agua y las aguas minerales.

Filtros de agua

Los filtros de agua están, cada vez con más frecuencia, presentes en muchos hogares españoles y europeos. Esta actitud del consumidor está sumamente justificada, ya que la mayoría de las marcas ofrecen un depurado más que aceptable, reteniendo en sus filtros una buena parte de los contaminantes más perniciosos del agua corriente.

En el mercado existen varios tipos de depurado: los modelos de una sola vida útil (entre 10.000 y 25.000 litros de agua), las jarras de recambios de carbón activado, y los filtros de pequeño tamaño que se encajan directamente al grifo y funcionan también con recambios. Existe una considerable diferencia de coste entre unas y otras marcas, pero todas ellas cumplen los requisitos mínimos para asegurarnos una buena calidad de agua, filtrando unos valores medios de:

a) Entre el 85% y el 90% del cloro.
b) Entre el 37% y el 85% de los nitratos.

c) Entre el 85% y el 100% de los nitritos.
d) Entre el 48% y el 85% de la dureza del agua (depósitos cálcicos y minerales en presencia desequilibrada y excesiva).

Para beber, y sobre todo para cocinar, hoy en día es prácticamente imprescindible el uso de los filtros de agua. Según los distintos modelos, el precio final del agua filtrada oscila entre 0,7 y poco más de una peseta por litro, lo cual es un gasto bastante moderado a cambio de nuestra salud.

Aguas minerales

Hoy por hoy (dentro de algunas décadas tal vez hasta estas aguas estén tristemente contaminadas) las aguas minerales constituyen una bebida altamente saludable, e incluso curativa según el tipo de minerales que contengan.

España, con más de dos mil manantiales reconocidos, es el país de Europa más rico en aguas minerales, algunas de ellas con reconocimiento mineralo-medicinal en todo el mundo.Por ello, en cualquier supermercado podremos encontrar varias marcas de aguas minerales suaves (de baja mineralización) aptas para el uso y consumo diario, todas ellas de muy buena calidad y un más que correcto etiquetado. Mi consejo, sin dudarlo un solo instante, es que disponga en todo momento de una o dos botellas de agua mineral suave en su cocina para beber, preparar infusiones, sopas, etc.

Otras aguas minerales pueden utilizarse como medicamento natural, y ofrecen muy buenos resultados en la mejora y curación de algunas dolencias. Algunas de ellas podrá encontrarlas en establecimientos especializados y la dosis media oscila entre 1/4 y 3/4 de litro al día. Como curiosidad informativa, veremos las principales aplicaciones de algunas de estas beneficiosas aguas:

Aguas sulfatadas. Tienen efectos laxantes y diuréticos, y son aplicadas con moderación en los casos de estreñimiento, infecciones urinarias y como depurativas.
Aguas bicarbonatadas. Empleadas como curas estomacales, son calmantes de la mucosa intestinal.
Aguas ferruginosas. Ricas en mineral orgánico de hierro, actúan

enérgicamente sobre las anemias y en determinadas afecciones cutáneas.

Aguas sulfurosas. De olor característico, son especialmente beneficiosas para el aparato respiratorio y para la curación de dermatitis y eccemas.

Aguas carbónicas. Estimulantes y revitalizantes, las aguas carbónicas abren el apetito y estimulan el sistema circulatorio y vascular.

La ingeniería genética y los alimentos genéticamente manipulados

¿Hermosas manzanas naturales o melón-geranio-salmón-manzana?, ¿lechuga de toda la vida o roble-zanahoria-ratón-lechuga? Lamentablemente, esto no es ciencia-ficción: engendros similares ya existen y pertenecen a una de las tecnologías más punteras y menos éticas de las desarrolladas por el ser humano desde el descubrimiento de la energía nuclear y su aplicación en la bomba H: la ingeniería genética. Curiosamente, en los dos casos estamos hablando de la intromisión del hombre en lo más profundo y recóndito de la base de la vida, y su fracción y escisión: el átomo, para la materia inorgánica, y las espirales del ADN para los organismos vivos.

La tecnología genética lleva ya muchos años desarrollándose lenta (¿e insidiosamente?) en los laboratorios controlados por los gobiernos y las grandes multinacionales. Las sospechas de monstruosos experimentos con animales han sido confirmadas hace pocos años, sorprendentemente sin ningún tipo de pudor: «la ingeniería genética está lista para ser comercializada, señores». Sí, pero ¿está el ser humano listo para utilizarla?

La incompatibilidad genética entre las distintas especies vegetales y animales de nuestro planeta, especialmente diseñada para evitar la gestación y el nacimiento de seres no aptos para la vida y por lo tanto para eludir el peligro del desastre total en la Tierra, ha sido forzada y transgredida en aras de un supuesto avance y mejora de la calidad de vida del hombre. Dividiendo el ADN genético de un organismo vivo e introduciendo esa fracción en el ADN de otro organismo vivo cualquiera, se logra un ADN nuevo capaz de crear una entidad distinta que hasta el momento no existía en el planeta. Lo más terrible de esta nueva tecnología es que no conoce límites, es decir, puede añadirse un genoma de pescado a una zanahoria, o (y esto es aún más espantoso) un genoma de sauce, de amapola, de bacteria, de insecto, etc., a un ser humano. ¿Se hará?, ¿no se hará?, es imposible saberlo pero, en todo caso, a partir de ahora nuestra vida como hombres y mujeres está en las manos de la todopoderosa coalición «gobiernos & multinacionales». *Un mundo feliz* de A. Huxley me parece poca cosa en comparación con lo que se nos avecina.

Efectivamente, en los laboratorios médicos de Estado Unidos y países más desarrollados de Europa, se trabaja ya en el aislamiento de genomas para su inserción en el ser humano: material genético de rata a fin de hacernos mucho más resistentes a los tóxicos y venenos, ADN de insecto para lograr organismos humanos que soporten todo tipo de radiaciones, genomas de sauce para conseguir hombres y mujeres cuyos cuerpos fabriquen su propio ácido acetilsalicílico... ¿Cuánto tiempo tardaremos en llegar a la situación de que nuestros hijos sean inyectados a temprana edad, exactamente igual que ahora se les vacuna, para hacer de ellos organismos genéticamente cuasiperfectos, capaces de exponerse a venenos, radiaciones, temperaturas extremas, ausencia de agua, etc., sin enfermar?, y en este caso, ¿serán nuestros descendientes, estos seres modificados genéticamente, realmente humanos? Seamos claros y sinceros: un organismo cuyo ADN ha sido alterado, modificado y mezclado, deja de pertenecer a la especie original. No cuesta mucho hacerse una idea de la plausibilidad de esta pavorosa situación si tenemos en cuenta, por ejemplo, que el ADN de un chimpancé es idéntico en un 99% al ADN humano. ¡Nada sería más sencillo para nuestros actuales científicos que diferenciar ese 1% restante e insertarlo en el código genético de un bebé-chimpancé recién nacido y a partir de ahí crear un ser humano! Esto ilustra la espantosa realidad de que no es necesaria demasiada manipulación para crear especies nuevas totalmente ajenas a las ideadas por la naturaleza.

¿Cuáles serán las consecuencias de esta atrocidad? Sus resultados pueden ser tan imprevisibles e inconcebibles como lo fueron

Hiroshima y Nagasaki, o la propia catástrofe de Chernobyl, a los ojos de todos los científicos engañados por los gobiernos a los que se les hizo creer que sus investigaciones sobre la tecnología nuclear tendrían sus principales aplicaciones en el campo de la medicina y de un desarrollo energético limpio y no contaminante.

Erwin Chargoff, científico de renombre y uno de los padres de la biología molecular, dice textualmente al respecto: «Tengo la sensación de que la ciencia ha transgredido una barrera que debería haber sido respetada [...]. Una vez liberada en el medio ambiente, no se puede parar la nueva forma de vida (creada transgénicamente). Te va a sobrevivir, como a tus hijos y a los hijos de tus hijos. Semejante ataque a la biosfera es algo tan absolutamente nuevo, tan inimaginable para las generaciones anteriores, que yo sólo desearía que la mía no hubiera sido culpable de ello».

Tal vez haya aún quien crea sinceramente a los estados mayores de nuestras grandes potencias cuando afirman que la ingeniería genética, la clonación y la creación de organismos transgénicos estarán siempre estrictamente legisladas y serán utilizadas bajo los más severos controles éticos. Tal vez aún exista quien profese una confianza ciega en Gobiernos como el francés, especialista en minar y bombardear nuclearmente, en los atolones del sur del océano Pacífico, una y otra vez nuestro subsuelo, el subsuelo suyo, mío y de todos, con la avidez y la demencia del adicto a un espantoso y letal juego de ordenador.

Agro-ganadería de laboratorio: los peligros de la alimentación transgénica

No hace falta esperar algunos años para que ocurra: los alimentos genéticamente manipulados ya están aquí. Tomates, frutas y cereales como la soja ya están siendo tratados genéticamente para aumentar su tamaño y velocidad de crecimiento, así como su resistencia a los pesticidas. Los mismos laboratorios que llevan décadas intoxicándonos con sus plaguicidas, los mismos que han creado las despreciables armas químicas de guerra, los mismos que administran el gran negocio de los fármacos y medicamentos, son los que ahora controlan la prometedora y lucrativa industria de la tecnología genética agroalimentaria. Estas empresas amenazan con continuar una carrera imparable de creación de productos manipulados: cacahuetes tan grandes como nueces, arroz cultivable en secano, frutas impolutas que duran meses y meses en las estanterías, verduras que generen sus propios pesticidas (de paso, usted se los come también), etc.

Investigaciones punteras como las desarrolladas por Bayer, Ciba-Geygi o Monsanto (esta última responsable del ignominioso y cruel «agente naranja» utilizado en la guerra del Vietnam), están experimentando para conseguir cultivos resistentes a sus propios herbicidas, de modo que puedan rociarlos con litros y litros de veneno químico sin que los cultivos se vean afectados. Lo que ya no está tan claro es que usted no se vea afectado por consumir un producto infestado de «matarratas».

En la actualidad se está comercializando soja genéticamente modificada, en cuyo ADN figuran genes de petunia, de la bacteria *Agrocacterium* y de un virus (procedente de cultivos de coliflor). En principio fue diseñada por su gran resistencia y su gran capacidad de crecimiento y su destino era el forraje y la alimentación animal (¿y quién come luego los filetes y las chuletas?: usted, yo, todos). En este momento está siendo añadida a cientos de productos de consumo humano en cuya composición figura la soja (chocolates, margarinas, productos dietéticos, dulces, pan y ¡alimentos infantiles!). Del mismo modo, la manipulación para el crecimiento de la ganadería bovina (RBST) no tardará mucho en instalarse como práctica habitual, tras la moratoria sobre su uso y comercialización lograda por los Verdes en el Parlamento Europeo hasta el año 2000. Hago votos porque esto no sea así, pero desgraciadamente es muy probable que cuando este libro salga a la luz, rozando los albores del siglo XXI, la agricultura transgénica se esté haciendo poco a poco con la práctica totalidad del mercado alimentario, y en nuestros supermercados sea ya ciertamente difícil encontrar uno de aquellos ancianos repollos que tanto echaremos de menos, y que en ocasiones despreciábamos («¡viejos tiempos aquellos!») por estar un poco mustios o presentar mordeduras de caracol. Pero ¿cuáles son los verdaderos riesgos de esta manipulación genética?

Bombas de relojería transgénicas

«Cuando los ingenieros genéticos insertan un nuevo gen dentro de cualquier organismo, se da un "efecto posición" que acarrea un modelo impredecible de expresión y función genética. La proteína producto de este gen insertado puede provocar reacciones inesperadas y producir productos potencialmente tóxicos. Los productos genéticamente manipulados tienen más riesgos que los alimentos tradicionales. Los hechos científicos demuestran la necesidad de su inmediata prohibición mundial [...]. Dada la enorme complejidad del código genético, incluso en organismos muy simples como las bacterias, nadie puede predecir las consecuencias de la introducción de nuevos genes en cualquier organismo o planta» (J. F. Álvarez, investigador del PLN, asociación para la prohibición de los alimentos genéticamente manipulados).

Los riesgos que entraña la manipulación genética de las especies no son ni leves ni escasos. Vamos a intentar levantar el velo que sobre este tipo de técnica algunos pretenden correr, más preocupados por su economía y por el mantenimiento de la enloquecida sociedad de consumo, que por la verdadera salud de todos los seres vivos que habitamos este planeta:

Efectos desconocidos: ¿nacimiento de nuevas enfermedades? Cuando se inserta un gen extraño dentro de otro organismo, se genera un modelo impredecible de función genética. Es una arriesgada jugada de dados cuyas consecuencias pueden implicar la creación de nuevas enfermedades por mutación, a las que será ciertamente difícil hacer frente.

El uso de virus como vehículo de transporte para introducir nuevos genes en plantas y animales (el virus se caracteriza por invadir las células y el ADN de éstas), puede dar como resultado la propia mutación vírica, y por lo tanto la aparición de peligrosas enfermedades fuertemente contagiosas para las que se tardarán decenas de años en encontrar vacunas o remedios (estamos hablando de enfermedades tan o más peligrosas que el sida).

Crecimiento progresivo de la contaminación ambiental por pesticidas. Más del 50% de la investigación de los laboratorios sobre tecnología genética va destinada al diseño de plantas resistentes a los insecticidas. El uso indiscriminado de éstos, puede, pues, constituirse en una verdadera catástrofe ecológica.

Monopolio y abuso de las grandes compañías. Las patentes sobre material genético vivo ponen en manos de estas grandes industrias la producción agrícola-ganadera mundial. En unos pocos años podrán instaurar a su antojo monocultivos en enormes extensiones latifundistas, con el desequilibrio ecológico que esto puede implicar. Del mismo modo, el gran capital aplicado a la industria de la alimentación estará en condiciones de expoliar y hacerse con la riqueza de los recursos genéticos originados en el Tercer Mundo. Hoy en día, ya las multinacionales están firmando contratos de explotación exclusiva con países cuya desinformación y nula capacidad de negociación (pobreza, necesidad de divisas, falta de escrúpulos de los mandatarios, etc.) los dejan en una situación de clara inferioridad.

Desconocimiento absoluto de los efectos de los alimentos transgénicos en la salud humana. Los cultivos están siendo programados para resistir grandes cantidades de pesticidas, así como para producir sus propios insecticidas. Todo este material químico pasará a formar parte de la alimentación humana, con las nefastas e imprevisibles consecuencias para la salud que de ello se derivarán.

Nada sabemos, por otra parte, acerca de las consecuencias de ingerir productos cuyo ADN ha sido manipulado. Estas poderosas industrias curiosamente parecen haber olvidado dedicar parte de su dinero a investigar los efectos a medio y largo plazo de la alimentación transgénica en el ser humano, y por lo tanto nos están utilizando a todos como conejillos de Indias.

Otro peligro: la transferencia genética entre especies. Cuando se manipula el ADN de un organismo, existe la posibilidad de que se produzcan cruces genéticos con otros organismos que se interrelacionan con el anterior. Esto es muy evidente en el caso de los vegetales y la polinización itinerante que sobre ellos ejercen los insectos. Con ello podrían surgir nuevas e imprevisibles especies capaces, por qué no, de desplazar y acabar con las especies naturales, tal vez menos resistentes y no preparadas para luchar por la vida con «misiles y metralletas». La vida vegetal en nuestro planeta podría ser absolutamente distinta (¿tal vez sobrecogedoramente poderosa?) dentro de cien años.

Por último, la mayor y más aterradora amenaza: **Los efectos de la manipulación genética tienen una duración infinita.** Cuando se altera el ADN de cualquier organismo vivo, este ADN se perpetúa de generación en generación. Una sola pareja de ratones mutados, al cabo de tres años, puede haber dado lugar a seis mil ratones igualmente mutados, y al cabo de diez años su descendencia con el mismo ADN modificado será de 800.000.000.000 de ratones, es decir, de ratones mutados.

Si nos horrorizamos de la duración de la contaminación nuclear en la atmósfera, ¿qué podemos pensar de esta auténtica eternidad mutada? Una vez puesto en marcha el mecanismo de la manipulación transgénica, será imposible dar marcha atrás: es una espantosa bomba de relojería. (No me sorprende que haya quien afirma que el virus del sida pudo ser un virus de creación transgénica «escapado» de algún laboratorio experimental.)

Aún podemos hacer algo

Hasta fechas recientes, poco podíamos hacer para defender el derecho de todo ciudadano de saber y conocer lo que compra, consume y en general todo lo que concierne a lo que pueda afectar a su salud. En la actualidad, afortunadamente el Gobierno español ha aprobado en el año 1997 un real decreto por el que se establece el reglamento que desarrolla y ejecuta la Ley del 94 por la que se fija el régimen jurídico de la utilización y comercialización de los organismos modificados genéticamente (OMG).

Este reglamento, además de incorporar nuestra legislación a diversas directivas de la Unión Europea, establece normas expresas sobre etiquetado de productos que contienen o consisten en organismos modificados genéticamente, o de aquellos que, en combinación con productos no modificados, podrían contenerlos. Es muy importante el hecho de que también se determina que en dichos productos deberá hacerse constar expresamente esta circunstancia, bien en un etiquetado visible, bien en un documento adjunto.

Según este reglamento, todos los alimentos que, de una u otra manera, contengan productos manipulados genéticamente deben explicitarlos claramente en su envase o similar. Ahora sólo falta que la legislación se aplique correcta y firmemente.

Por lo tanto:

A) **Exija un etiquetado correcto.** Lea atentamente la composición de los productos que adquiere. Si entre los de su consumo habitual figura la soja en una u otra preparación (lecitinas, emulgentes a base de soja, productos dietéticos, etc.), no tenga reparo en dirigirse a la casa fabricante y solicitarle información sobre la condición transgénica o no de dicha soja, así como sugerirle un etiquetado especificando dicha circunstancia. Si utilizan soja natural, le responderán amablemente y tendrán en cuenta su opinión, ya que será bueno comercialmente para ellos.

B) **Limite sus compras vegetales en grandes almacenes** hasta que la legislación vigente se aplique en su totalidad. De momento, no le será posible distinguir un tomate, unas zanahorias o una lechuga modificados genéticamente, aunque puede sospechar de aquellos que presentan un aspecto perfecto, casi «de porcelana» (si no son transgénicos, esté seguro de que igualmente habrán crecido entre pesticidas).

C) **Atención a los productos importados.** Los alimentos traídos de países del Tercer Mundo (Hispanoamérica, Asia, etc.) en demasiadas ocasiones no cumplen la normativa europea. A su vez, estos países son utilizados impunemente como tierras de experimentación ya que sus gobiernos, generalmente, dejan mucho que desear en cuanto a democracia y seguridad.

Cómo defender nuestra salud cuando no es posible la huida

Si bien es perfectamente factible limitar al mínimo la ingestión de alimentos desnaturalizados y los venenos químicos que los acompañan, no es menos cierto que librarse total y absolutamente de ellos significaría poco menos que hacer una vida de ermitaño. Una comida en un restaurante, un café, una mermelada con demasiados aditivos... son pequeños lujos que todos nos permitimos de cuando en cuando y que no tienen por qué perjudicar nuestra salud si sabemos cómo neutralizarlos.

Para conservarnos sanos, no solamente cuentan las restricciones, sino las actitudes y los modos de vida favorables que puedan contrarrestar esos «excesos» que, de alguna u otra manera, todos cometeremos. Vamos a ver cuáles son algunas de las más importantes:

1. Buen aporte mineralo-vitamínico. La presencia equilibrada de minerales y vitaminas en nuestra dieta es un elemento preventivo de primer orden a la hora de conservar la buena salud hasta la longevidad. Tengamos en cuenta que, además de ser imprescindibles para la vida, algunas vitaminas ejercen una función especialmente desintoxicante y antienvejecimiento celular. Una buena alimentación suele ser suficiente para nutrirse de estos elementos imprescindibles para la vida, aunque en algunos casos (siempre es recomendable consultar con su médico o, mejor aún, con algún profesional naturista) puede ser necesario algún aporte externo en forma de grageas o suplementos dietéticos.

Podrá encontrar información completa sobre vitaminas y minerales en algunos buenos libros al respecto.*

2. Abundante consumo de verduras y frutas frescas. Todos los productos de la huerta (por supuesto, asegurándonos de los aspectos tratados anteriormente sobre pesticidas), consumidos en crudo, son verdaderas medicinas curativas para nuestro organismo, ya que además de aportarnos nutrientes de primera categoría, desintoxican el organismo limpiándolo de venenos residuales y ofreciendo una preciosa ayuda a los órganos de depuración (hígado, riñones, etc.).

Estos alimentos no son por casualidad los únicos que el ser humano está preparado para consumir crudos: en estado natu-

* En este sentido, puede serle de utilidad mi libro *Vivir sano, vivir mejor*, Tikal, 1997.

ral, las frutas y verduras nos aportan toda su vitalidad (»prana» para los hindúes), capaz de regenerar órganos dañados y de preservar nuestro sistema genético de las agresiones (y por lo tanto las enfermedades degenerativas como el cáncer), tanto químicas como de cualquier otro tipo.

Consúmalas pues en abundancia, tanto en forma de ensaladas, como de zumos, etc.

3. Contacto con la naturaleza. Ya se ha convertido en un tópico, pero no por ello es menos cierto que la relación estrecha con la naturaleza es altamente beneficiosa para el ser humano. No se trata de mero bucolismo: el aprovechamiento del aire puro y fuertemente ionizado, el medio ambiente libre y carente de materiales aislantes y corriente eléctrica, el intercambio energético que se produce entre la tierra y los pies descalzos (o calzados con materiales no sintéticos), etc., y su relación con el mantenimiento de un buen sistema inmunitario, un correcto funcionamiento orgánico y una máxima vitalidad capaz de ponernos en condiciones de luchar contra los agentes irritantes y agresivos, son hechos demostrados por la ciencia y que deberían corresponder al modo de vida habitual del ser humano. Puesto que nuestro sistema de vida no suele corresponder a estos saludables esquemas, deberíamos intentar introducirlos, al menos en la medida de lo posible, en nuestra rutina cotidiana: ejercicio, paseos al aire libre, fines de semana en el campo, excursiones, etc., pueden llegar, literalmente, a cambiar nuestra vida. Yo le animo a que lo pruebe.

2. Un aire muy «poco claro»

En principio, el aire de la biosfera terrestre debería estar compuesto de bastante nitrógeno (78%), una buena cantidad de oxígeno (21%) y un poco de algunos gases como el argón, etc. (1%). Se trata de la atmósfera que la naturaleza ha formado a través de las eras para nuestro disfrute. Sin embargo, ¿es éste el aire que todos nosotros respiramos en la actualidad?

Si usted se da un corto paseo por su ciudad y observa atentamente a su alrededor, como si viniese de otro planeta y tuviese la misión de hacer una inspección de la atmósfera que los humanos respiramos en nuestras poblaciones, anotaría en su cuaderno de campo que el aire que circula entre los altos bloques de casas tiene un extraño olor químico y en múltiples puntos presenta unos focos de emisión de espesos gases que enturbian toda la zona. Un análisis más detallado revelaría la presencia de óxidos de azufre, partículas de amianto, óxidos de nitrógeno, hidrocarbonos policíclicos, vapor de mercurio, hidrocarburos, arsénico y mucho, mucho monóxido de carbono. Posiblemente, usted decidiera que el ser humano era un animal cuyas necesidades respiratorias requerían una atmósfera compleja y, tal vez, decidiera que en este planeta no podría sobrevivir y se marcharía con su nave a otro sistema solar.

Evidentemente, el aire que respiramos en nuestras ciudades tiene ya muy poco que ver con el que podía gozarse hace bastante menos de un siglo. Las emisiones de las grandes industrias, de los motores de los vehículos, de las calefacciones, cigarrillos, etc., las partículas en suspensión y otros contaminantes, ensucian nuestro aire hasta hacerlo, en ocasiones, casi irrespirable. Hoy por hoy, la composición de nuestra atmósfera está «muy poco clara».

Si a toda esta contaminación sumamos el hecho de que el hombre está degradando los espacios naturales, en particular los bosques y las grandes selvas (el bosque húmedo tropical está siendo quemado y cortado a un ritmo de más de 150.000 km^2 anuales), veremos que nuestra Tierra se está quedando sin pulmones.

Por si todo esto fuera poco, componentes de nuestra atmósfera como el aparentemente inofensivo vapor de agua, el dióxido de carbono, el óxido nitroso o el metano, hacen que la superficie terrestre acumule radiación infrarroja, causa directa del calentamiento de la Tierra y del ya bastante conocido «efecto invernadero».

Los contaminantes de nuestro aire

Sería ciertamente difícil identificar todos los gases y partículas extrañas que invaden el aire que respiramos. Algunos, de nombre tan temible como el arsénico, por fortuna se encuentran en pequeñas cantidades en la atmósfera normal, aunque sí suponen un grave peligro en fundiciones de cobre o escondidos dentro del propio humo de los cigarrillos. Otros, más conocidos como los óxidos de azufre o el temible monóxido de carbono, se encuentran ya dispersos por todo el planeta, llegando a concentraciones muy peligrosas en el centro de las grandes ciudades o en las zonas periféricas industriales, con las consiguientes consecuencias para la población en cuanto al deterioro de la salud y la calidad de vida.

Vamos a ver, pues, cuáles son las sustancias más habituales y perniciosas que contaminan nuestro aire.

Óxidos de nitrógeno (NOx)

Dentro del grupo de los óxidos de nitrógeno, el más abundante en nuestro aire es el dióxido de nitrógeno (NO_2). Este gas constituye una seria amenaza para la salud humana y todos los seres vivos que comparten su existencia con nosotros.

Curiosamente, el dióxido de nitrógeno se produce fundamentalmente por la acción de la luz solar sobre las partículas flotantes en la atmósfera. Las radiaciones ultravioleta inciden sobre estos pedacitos de contaminantes en suspensión produciendo, tras una serie de reacciones químicas, gases tan nocivos como el dióxido de nitrógeno. Éste es, pues, un contaminante de primer orden en ciudades superpobladas con un amplio parking automovilístico y que además reciben grandes dosis de radiación solar. En España, en ciudades como Madrid, Sevilla, Valencia o Barcelona, donde la gran actividad industrial y el tráfico de vehículos producen gran cantidad de partículas de suspensión, y a su vez existe una proporción alta de horas de sol, la cantidad de dióxido de nitrógeno que puede hallarse es mucho más alta que en poblaciones de más frecuencia nubosa como las localizadas en el norte (A Coruña, Oviedo, Santander, etc.), donde la concentración de dióxido de nitrógeno es menor.

El dióxido de nitrógeno afecta fundamentalmente al tracto respiratorio, incidiendo de modo particular en bronquios y alvéolos pulmonares (bronquitis, reacciones asmáticas, hipoventilación, e incluso enfisema).

Óxidos de azufre (SOx)

Entre los óxidos de azufre, el dióxido (SO_2) es el más frecuente y peligroso. Constituye uno de los componentes de las partículas en suspensión presentes en el aire, y es expulsado a la atmósfera por las combustiones de carbón (cocinas, calefacciones, etc.), por las industrias petroquímicas, las refinerías de petróleo y las fundiciones.

Este contaminante afecta también de manera directa a las vías respiratorias (bronquitis, constricción alveolar, dolencias seudosilicóticas, etc.). Por tanto, además de todos los habitantes de las ciudades que vivimos y realizamos nuestras actividades en este medio, existen algunos grupos de alto riesgo como los trabajadores de las industrias pesadas que deberían extremar las precauciones antes de caer víctimas de alguna penosa enfermedad pulmonar.

De igual modo, los niños son un grupo humano muy afectado por la respiración de dióxido de azufre. En los países altamente industrializados, la población infantil residente en las cercanías de fábricas, fundiciones, etc., presenta una tasa de enfermedades del tracto respiratorio muy superior a la media, e incluso, y resulta terrible decirlo, una tasa de mortalidad hasta tres veces superior a la normal.

Como ejemplo, podemos observar unos estudios realizados a partir de unas nieblas sulfurosas que invadieron el aire de Nueva York en 1966, en los que se analiza y demuestra que el aumento de las concentraciones de dióxido de azufre en el aire va indiscutiblemente ligado al aumento de la mortalidad: personas de avanzada edad, enfermos de las vías respiratorias y/o corazón y niños delicados fueron las víctimas de este escape.

Las recomendaciones de la OMS sobre la cantidad máxima aceptable de partículas sulfurosas en el aire no parecen ser de mucha utilidad: cada día se sobrepasa con generosidad en la gran mayoría de las grandes ciudades o núcleos industriales de los países occidentales (es fácil llegar a concentraciones de hasta el 20% de partículas sulfurosas en el aire, respecto a la cantidad total).

Ozono (O_3)

Aunque parezca una paradoja, el ozono, tan beneficioso y escaso hoy en día en nuestra estratosfera, cuando se presenta dentro de las capas bajas de la atmósfera (aquella que respiramos), se convierte en un peligroso veneno. El ozono generado en nuestro aire procede fundamentalmente de las emisiones de los tubos de escape de los vehículos, de los aparatos generadores de ozono, y de otros como las fotocopiadoras.

El ozono es un tóxico tan potente que es capaz, en breves minutos de exposición a una fuerte concentración, de causar graves daños en el sistema respiratorio. En menor proporción, los ambientes ozonizados (oficinas, lugares con alta emisión de humos, etc.) provocan a largo plazo todo tipo de trastornos y enfermedades, tanto del sistema respiratorio como neurológicos por intoxicación.

Como en el caso del dióxido de nitrógeno, la concentración de ozono se incrementa cuando se suma a la polución ambiental la intensa radiación solar. Esos cálidos días de verano en las ciudades con bajas tasas de lluvias y nubosidad constituyen un serio peligro para nuestra salud.

Monóxido de carbono (CO)

El monóxido de carbono es la gran «bestia negra» de nuestra sociedad, y más concretamente de nuestro aire. Este gas es emitido básicamente por los motores de los vehículos y por algunas otras combustiones como las del tabaco, papel, calefacciones de carbón, petróleo, etc., y es absolutamente inodoro e incoloro, es decir, somos incapaces de detectarlo con nuestros sentidos. Cada vez que encendemos un cigarrillo, que utilizamos una cocina de carbón, o que arrancamos nuestro coche, estamos vertiendo a la atmósfera monóxido de carbono. Éste se ha convertido en nuestro compañero inseparable y en una importantísima fuente de enfermedades y dolencias.

Debido a su gran afinidad con la hemoglobina, el monóxido de carbono se mezcla íntimamente con la sangre ocupando el lugar del oxígeno. Este monóxido de carbono se adhiere con obstinación a la hemoglobina en los capilares pulmonares, incapacitando a éstos para captar el oxígeno y formando un compuesto llamado carboxihemoglobina. La consecuencia de ello es un envenenamiento por asfixia que puede acarrearnos desde síntomas más o menos leves como cefaleas, fatiga, vértigos, sueño, etc., hasta lesiones tan graves como el infarto cardíaco (la sangre no transporta oxígeno y el corazón «muere» ahogado) o los trastornos del sistema nervioso central. Una exposición al monóxido de carbono cronificada, es decir, de baja intensidad pero de alta continuidad, como se da en el caso de los grupos de riesgo mencionados anteriormente, además de las patologías indicadas puede desarrollar enfermedades vasculares periféricas, anemia, o arteriosclerosis cardíaca. De igual manera en estas personas se incrementa el nivel de colesterol en las paredes arteriales, con las posibles consecuencias de trombos en el cerebro y las arterias de acceso al corazón.

Hidrocarbonos policíclicos

Aunque menos conocidos, estos compuestos están presentes en el aire urbano contaminado, y sus principales fuentes de emisión son, cómo no, el humo de los cigarrillos, las estufas de butano, las calefacciones de gasóleo, etc.

Las consecuencias de la inhalación de hidrocarburos para el sistema respiratorio son similares a las del resto de contaminantes del aire, con el agravante de que estos compuestos son especialmente causantes del temible cáncer de pulmón.

Arsénico

No hace falta explicar que el arsénico es un potente veneno capaz de matar incluso en dosis reducidas. Pues bien, en nuestro aire existen en suspensión partículas de arsénico, máxime si fumamos o convivimos con aquellos que lo hacen, o si trabajamos o habitamos cerca de industrias pesadas o fundiciones de cobre.

Tristemente el arsénico, además de causar intoxicaciones crónicas, es, como los hidrocarburos, un poderoso agente desencadenante del cáncer de pulmón.

El aire en nuestro país

España es uno de los países de la UE más polucionados. Aunque algunos Estados se lleven la palma en cuanto al deplorable aire del que disfrutan, como es el caso de Reino Unido y Alemania, España presenta importantes índices de contaminación atmosférica en grandes ciudades, carreteras y zonas industriales, máxime en lo que se refiere a emisiones de dióxido de azufre y micropartículas volátiles, igualándonos a países como Francia e Italia, y superando con mucho los valores de polución registrados en Bélgica, Dinamarca, Grecia, Portugal, Países Bajos e Irlanda. (Si usted quiere respirar un aire limpio y tiene la suerte de poder irse una temporada de vacaciones a donde desee, no dude en hacer un largo viaje a Irlanda: sus valores de contaminación son prácticamente nulos debido a su mínima actividad industrial.)

No cabe duda de que en nuestro país todavía existen también zonas donde el aire se encuentra menos contaminado y en las que aún se puede gozar del hecho de respirar larga y hondamente. Estas áreas corresponden a lugares alejados de los centros urbanos y de las fuentes de emisión industriales: playas y bahías batidas por el viento procedente de alta mar, zonas de arbolado y vegetación autóctona, e incluso anchos campos barridos por la brisa que podemos encontrar en las afueras de muchas de nuestras grandes ciudades (evidentemente, si usted toma la dirección contraria a las agrupaciones industriales). Éstos son los lugares donde aún es posible respirar un aire bastante parecido al que pudieron respirar nuestros antepasados.

De este modo, la diferencia entre unas y otras zonas puede llegar a ser tan grande como para presentar índices de concentración máxima de partículas tóxicas (en valores guía) de 1.400, por ejemplo, en la Plaza de Salamanca de Madrid a una hora punta, y por contra de menos de 2 en zonas abiertas, montañosas o con densa vegetación. Como vemos, la proporción en tóxicos de un área altamente contaminada puede ser de hasta mil veces más que en un espacio natural.

Tampoco dentro de nuestro país todas las comunidades autónomas tienen el mismo nivel de contaminación atmosférica. Algunas, dotadas de una gran infraestructura en industria pesada y de transformación, ofrecen un aire excesivamente contaminado, mientras que otras cuyas actividades económicas se basan en mayor proporción en la agricultura o el turismo disfrutan de una mayor calidad de aire.

Si me permiten un inciso personal, les comentaré que desde la ventana del cuarto donde en este momento tecleo en este viejo compañero llamado ordenador, gozo de una vista realmente impresionante: a escasos kilómetros, tras unas verdes extensiones de prados, puedo divisar como enormes gigantes de piedra las montañas ya algo nevadas de la sierra del Aramo, en mi entrañable cordillera Cantábrica. Es un paisaje realmente hermoso. Pero (siempre hay un «pero»), asomando entre el rosal de mi huerta y los grandes picos, una alta columna de humo se alza a lo lejos transportada lentamente por la brisa hacia el valle del río Nalón: es la chimenea de una industria pesada, y les aseguro que es una verdadera pena.

Éste es el estado de contaminación atmosférica de nuestro país, analizado por comunidades autónomas.*

Estado del aire por contaminantes y CC. AA.

CC. AA.	SO_2	NO_2	NO_X	CO	O_3	HC	Humos	Otros
Andalucía	A	B	P	P	B	A	B	B
Aragón	A	B	B	B	B	B	M	B
Asturias	M	A	M	A	B	B	P	M
Canarias	A	B	A	B	A	A	M	B
Cantabria	B	B	B	B	B	B	A	B
Castilla-La Mancha	B	B	B	B	B	B	A	A
Castilla-León	A	M	A	A	B	B	M	B
Cataluña	P	P	P	P	P	A	P	P
Galicia	P	B	B	B	B	B	M	B
Madrid	M	B	B	P	B	B	A	B
Murcia	B	B	B	B	B	B	A	B
Navarra	A	B	B	B	B	B	A	B
Comun. Valenciana	A	B	B	B	B	B	A	B
P. Vasco	M	A	A	A	A	A	M	A

B= Bueno; A= Aceptable; M= Malo; P= Pésimo

* Fuentes consultadas del Ministerio de Medio Ambiente, según la detección en las estaciones de control de emisiones atmosféricas. No hay datos de la Comunidad Balear.

El problema del tabaco

Aún existe un problema más en forma de tóxico en el aire que respiramos: el tabaco. Si usted convive con alguien que padece de tabaquismo (no olvidemos que es una poderosa adicción, similar en muchos aspectos a la de la marihuana o la cocaína), o más especialmente si usted es un consumidor habitual de cigarrillos, sepa que además de todos los componentes extraños de nuestro aire de los que hemos hablado, usted está inhalando con cada «calada» gas carbónico, hidrógeno, monóxido de carbono, ácido cianhídrico, aldehídos, alquitrán, acetonas, hidrocarburos, plomo, arsénico, amoníaco, benzeno, butano, cianuro, y hasta polonio 210 (residuo nuclear). El total de agentes químicos contenidos en un cigarrillo ronda los ¡4.000! Y todo ello para conseguir una pequeña dosis del alcaloide adictivo llamado nicotina.

De nada sirve controlar la calidad de nuestro aire o evitar residir en zonas altamente industrializadas, si día a día nos intoxicamos con todos estos componentes capaces de acabar con la salud pulmonar, cardíaca, digestiva, etc., de cualquier persona. Tampoco debemos olvidar a aquellos que, sin fumar, sufren parte de los perniciosos efectos del tabaco: los fumadores pasivos.

Podría afirmarse, pues, que el tabaco es uno de los más importantes y perniciosos contaminantes del aire que inhalamos.

Pero ¿hasta qué punto fumamos los españoles?, ¿es tan grave el problema como parece?

El consumo de tabaco en España

En 1996, Tabacalera Española ingresó en concepto de ventas anuales de tabacos (cigarrillos, puros, tabaco de pipa, etc.) cerca de 500.000.000.000 de pesetas, salidas de nuestros bolsillos día tras día. Estos datos se incrementan cada año, y parece que las campañas antitabaco han tenido muy poca influencia sobre el consumo de cigarrillos en nuestro país. Tabacalera es uno de los grandes negocios del Estado.

Según estudios realizados por el Instituto Nacional de la Salud, en la actualidad fuman en España alrededor del 35% de la población, es decir, de cada tres personas que usted se cruza por la calle, al menos una es fumadora. De entre los fumadores, aún cerca de dos tercios son hombres, quedando el otro tercio para las mujeres. Sin embargo, son los hombres los que comienzan a abandonar el hábito (un 20% de los fumadores hombres), mientras que las mujeres comienzan a fumar cada vez a una edad más temprana.

El consumo real en cigarrillos durante el año 1996 ha sido de 75.000.000.000 de pitillos, además del consumo de cajetillas de contrabando: una cifra ciertamente aterradora. De estos cigarrillos, la media del fumador español es de 17,5 pitillos diarios, los suficientes para acabar causando a lo largo de los años todo tipo de enfermedades, algunas de ellas muy graves como veremos en el apartado siguiente.

Daños en todo el organismo

A nadie escapa que el tabaco es nocivo. Todos, incluso los fumadores más recalcitrantes, lo saben y reconocen. Sin embargo, esa «nocividad» de la que tanto se habla y sobre la que tanta tinta se ha derramado cobra su verdadera dimensión real y cruel cuando se visita el departamento oncológico o de enfermedades de las vías respiratorias de cualquier hospital. Es entonces cuando nos damos verdadera cuenta de que el tabaco es realmente devastador.

Cuando realizamos una inhalación de tabaco, se producen varias reacciones en nuestro cuerpo. En primer lugar, los pulmones se inundan de aire hipercontaminado a altas temperaturas; a través de estos pulmones la nicotina penetra en la sangre y alcanza el sistema nervioso en pocos segundos. Las arterias y el sistema venoso se contraen y la presión sanguínea se eleva, acelerándose el ritmo cardíaco. A la vez, la nicotina captada por el sistema nervioso central y que ha «ocupado el lugar» de las endorfinas naturales, se instala en nuestro cerebro calmando nuestra ansiedad y produciéndonos sensación de placer.

Esto ocurre cuando fumamos un cigarrillo, pero el problema viene cuando llevamos varios años manteniendo el hábito y los daños comienzan a ser bastante más serios. Pensemos en que un adicto al tabaco que consuma una cajetilla diaria y que haya comenzado a fumar a los dieciocho años, cuando tenga cuarenta años habrá apurado 160.000 cigarrillos, y cuando cumpla los cincuenta y cinco (edad media de aparición de los cánceres de pulmón) habrá inhalado el humo de 270.000 cigarrillos. Unas sencillas operaciones de cálculo nos indicarán la cantidad fumada si la persona fuma dos o más cajetillas diarias y/o ha comenzado el hábito aún más joven. Como es lógico, es imposible que una persona que respire estas cantidades de aire viciado pueda mantener una calidad de vida medianamente aceptable.

Sin pretender profundizar en un tema del que todos ustedes podrán encontrar amplia bibliografía, no quisiera dejar de hacer un breve repaso de los estragos que el tabaco realiza en nuestro cuerpo.

Aparato respiratorio

No cabe duda de que el aparato respiratorio (boca, faringe, bronquios, pulmones) es el primero en sufrir los efectos dañinos del humo del tabaco.

Cuando fumamos, introducimos aire a muy altas temperaturas en la boca: todos los que hemos fumado sabemos de la desagradable sensación de quemazón cuando apuramos el final de la colilla. A lo largo del tiempo, estas pequeñas «quemaduras» son susceptibles de desarrollar tumores de labio y lengua.

Posteriormente, el humo atraviesa la faringe ejerciendo un efecto irritante que puede desembocar en una faringitis crónica o un cáncer.

Décimas de segundo después, el aire intoxicado penetra en los bronquios y los pulmones calentándolos artificialmente y provocando una dilatación que, poco a poco, acabará en un feo silbido respiratorio al levantarnos, en tos al reírse o al respirar hondo, en una bronquitis crónica o en un enfisema. El humo destruye también los cilios, unos pelillos que tienen la misión de filtrar las sustancias tóxicas presentes en el aire. Al quedarnos sin esta protección, los productos químicos se acumulan en el interior de nuestros pulmones y la expectoración ya sirve de poco: el terreno para que el enfisema o el cáncer se instale está sembrado.

Aparato digestivo

Ya son pocos los que persisten en la creencia de que el tabaco limita sus daños al aparato respiratorio. En efecto, los perjuicios del aire intoxicado que inhalamos día tras día, año tras año, cuando fumamos se extienden bastante más allá, y un claro ejemplo de esto son las vías digestivas.

Nadie que fume habitualmente (y digo bien: nadie) puede tener sano el sistema digestivo. Los agentes irritantes presentes en el tabaco excitan el sistema gastrointestinal de tal modo que incluso los fumadores más acérrimos saben que encender un cigarrillo antes de desayunar, con el estómago vacío, les sienta realmente mal. El tabaco altera el flujo normal de los jugos digestivos y algunas consecuencias más o menos benignas del consumo de esta droga son las gastritis, las dispepsias y los trastornos intestinales. También el hígado sufre con el tabaco ya que la nicotina, sumada al torrente de sustancias tóxicas que se introducen en la sangre, actúa como un verdadero veneno que el hígado intenta filtrar una y otra vez, consiguiéndolo a duras penas y a costa de padecer la pérdida o endurecimiento de grupos celulares hepáticos.

Sistema cardiovascular

Cuando alguien enferma «del corazón», la primera medida que toma el médico especialista es prohibirle rigurosamente el fumar.

Efectivamente, el tabaco es un tóxico de primer orden tanto para el mismo corazón como para las arterias coronarias que riegan este músculo. El corazón necesita para su correcto funcionamiento un aporte suficiente de oxígeno sanguíneo, requisito que no se da en los fumadores. De igual modo, con el uso del tabaco las arterias de acceso al corazón pierden su elasticidad perjudicando el riego del corazón y facilitando la aparición de estrechamientos y trombos.

Baste con decir, para concluir, que la mortalidad por ataque cardíaco es un 75% mayor en los fumadores que en los que no lo son, y que cerca de una tercera parte de los fallecimientos por enfermedad coronaria es responsabilidad directa de los tóxicos inhalados con el tabaco.

Sistema hormonal

Tampoco nuestro complejo sistema glandular se salva de los ataques del tabaco. Recientes estudios efectuados en Alemania han demostrado que entre las mujeres fumadoras existe un riesgo de trastornos de la función ovárica al menos dos veces superior que entre las no fumadoras. De modo similar, los hombres fumadores presentaban una debilidad espermatozoica significativamente mayor que la de los no fumadores.

Se sospecha también que la intoxicación por las sustancias químicas que inhalamos al fumar puede afectar a glándulas tan dispares como las suprarrenales o la misma pituitaria.

Sistema nervioso

Conozco a una persona cuyos problemas con el sueño constituían para ella algo ciertamente exasperante: empleaba a diario más de dos horas en dormirse y no era raro que se despertase en medio de la noche totalmente despejada. Como es lógico, posteriormente al despertar necesitaba al menos de una hora para estar realmente «en forma». Cuando esta persona decidió, por motivos bastante lejanos a su desfase insómnico, dejar de fumar, me comentó una curiosa sorpresa para ella: jamás había dormido tan bien cuando era fumadora. Conciliaba el sueño en breves minutos y se despertaba descansada y activa.

La nicotina es un estimulante cerebral. Aunque algunas personas afirmen que «las calma», lo único que calma el tabaco es el ansia de fumar. Por lo demás, es un potente excitante del sistema nervioso central y el causante de una hiperactividad cerebral que en ocasiones impide el buen sueño y causa, de por sí, nerviosismo.

Los fumadores pasivos

Dejar de fumar es difícil, muy difícil, y sin embargo el mundo está lleno de ex fumadores encantados de haber dejado el hábito. Aun así, cada persona es muy libre de fumar o de no hacerlo, pero no de envenenar a sus seres más queridos llenando la casa de humo tóxico. Esto es así, aunque nos duela reconocerlo.

El fumador pasivo es un enfermo en potencia. La inhalación de los residuos del tabaco en el aire es fuente de dolencias similares a las que sufren los fumadores activos, y aunque el riesgo siempre es mayor en éstos, no parece justo que aquellos que por una u otra circunstancia han decidido no fumar deban sufrir dicha inseguridad.

Baste sólo un dato: entre los cónyuges (no fumadores) de fumadores activos de una cajetilla diaria o más, el riesgo de contraer gripes y catarros bronquiales, enfermedades cardiovasculares, e incluso cáncer de pulmón, es dos veces superior al de los cónyuges de no fumadores.

En la actualidad, la legislación vigente es lo suficientemente estricta como para proteger al no fumador en los lugares públicos, medios de transporte, centros de trabajo, etc. Sin embargo, quedará en nuestras manos que esta autoconcienciación llegue a todos los hogares y éstos puedan quedar más o menos libres de una de las contaminaciones más perniciosas del aire que respiramos: el humo del tabaco.

En pie de guerra

Es lamentable que, en puertas del siglo XXI, con todas los derechos y libertades que la sociedad moderna implica, debamos respirar un aire contaminado sin que nadie nos haya preguntado si éste era el precio que queríamos pagar por el progreso incontrolado y el desarrollo exuberante de la sociedad de consumo. Sin embargo, hoy por hoy no cabe lugar para la resignación: existen algunas medidas básicas que nos permitirán disfrutar de una mayor calidad de aire y, por tanto, de vida.

Respirando hondo

Si usted se fuese unos días de vacaciones a la India y allí consiguiese entablar amistad con uno de los miles de millares de anónimos practicantes de hatha-yoga (las calles están llenas de ellos), tal vez él se quedase silencioso mirando para usted y le preguntase: «¿No teme ahogarse?». Para los yoguis, incluso los más principiantes, la respiración es un arte y un medio de lograr la salud corporal. Para ellos, el aire es «prana», o lo que es lo mismo, «fuerza vital», y una respiración educada y consciente es la base para su absorción. El hombre occidental sufre una escasez de esta energía, escasez que le conduce indefectiblemente a la enfermedad, por dos causas fundamentales: la mala calidad de su aire y su desconocimiento de cómo se debe respirar.

Aprender a respirar y practicar unos sencillos y breves ejercicios es tan importante que por sí mismo puede contrarrestar los efectos nocivos de la vida en un medio atmosférico contaminado.

Una pregunta que se escucha frecuentemente al llegar a este punto es: «Si el aire está intoxicado, ¿no será perjudicial respirar más profundamente?, ¿no es posible que de esta manera absorbamos más sustancias nocivas?». La respuesta es no.

Por una parte, nuestro aparato respiratorio cuenta con un sistema de purificación de primer orden como es la nariz y sus micropelillos que retienen las pequeñas partículas extrañas presentes en el aire; curiosamente, cuanto mejor se respire, mejor funciona este sistema de filtrado. Por otra parte, al efectuar respiraciones profundas, lentas y acompasadas, el aire penetra en nuestra nariz de forma gradual y plena, expandiendo la carnosidad interna de dicha nariz y logrando con ello el máximo aprovechamiento del oxígeno y, por qué no, del «prana» presente en el aire; es decir: si respiramos bien, la misma cantidad de aire con la misma cantidad de tóxicos nos proporcionará más oxígeno aprovechable y más energía, de modo que no aumenta la proporción de venenos absorbidos sino solamente la de «fuerza vital». Así, dos personas de similares características físicas situadas en el mismo lugar, una de ellas respirando como todos hacemos normalmente, y otra efectuando respiraciones completas, inhalarán el mismo monóxido de carbono, ozono, dióxido de nitrógeno, etc., pero alcanzarán un nivel de oxigenación muy dispar.

Además de todo esto, la persona que respira bien logrará unos beneficios para sus bronquios y pulmones (aumento de la capacidad respiratoria, fortaleza bronquial, etc.) que le permitirán minimizar los efectos negativos de los tóxicos atmosféricos y adquirir una resistencia especial ante las infecciones de las vías respiratorias.

Las ventajas de una respiración amplia y controlada se extienden más allá del aparato respiratorio y afectan beneficiosamente a otros campos de nuestro organismo y nuestra psique como, por ejemplo, la digestión, el sistema cardiovascular o el buen funcionamiento del mismo sistema nervioso. Realmente no existen ejercicios tan sencillos, de tan poco gasto energético y tan fáciles de realizar por cualquiera (puede ejecutarlos hasta una persona convaleciente en cama) que tan buenos rendimientos ofrezcan en tan breves lapsos de tiempo.

Considero que el mejor sistema de comprobar su eficacia es la propia práctica: los beneficios de esta «nueva respiración» se avalan por sí solos y comienzan a hacerse notar a partir del primer día que comenzamos a efectuarla. Recuerde, por último, que siempre es mejor un gramo de práctica que una tonelada de teoría. Del mismo modo, la regularidad es más importante que la cantidad de tiempo invertido, y ocho o diez minutos diarios de ejercicios respiratorios le reportarán más ventajas que una fatigada hora de ensayo los domingos por la noche (esto último sería, incluso, contraproducente).

Algunos ejercicios respiratorios

Aunque existen multitud de ejercicios respiratorios, cada uno con una finalidad distinta, aquí veremos exclusivamente aquellos más básicos y exentos de esfuerzo pulmonar que nos servirán para desintoxicar nuestro sistema respiratorio y, por lo tanto, nuestra sangre. La finalidad que perseguimos en este libro es intentar mejorar nuestra calidad de vida dentro de un medio hostil, pero de ningún modo adquirir especiales habilidades yóguicas ni imponernos unos pesados ejercicios. Por ello, nos será lícito salirnos un poco de la línea tradicional de la respiración indo-yóguica, sin olvidar que la ciencia de la respiración se la debemos a ellos y que es un legado de valor incalculable que Oriente ha puesto a nuestra disposición.

La respiración completa

Como su propio nombre nos indica, se trata del método respiratorio más completo y pleno de todos cuantos existen. La respiración completa aumenta rápidamente nuestra capacidad torácica, incrementa la absorción de oxígeno en la sangre (con los beneficios subsiguientes para el corazón y sistema vascular), despeja la mente y calma los nervios. Además, y esto es lo más importante para nosotros, «limpia» bronquios y pulmones impidiendo la acumulación de micropartículas en su interior y regenerando los cilios dañados.

Para realizarla, basta con buscar una habitación bien ventilada (puede realizarse con mucho provecho en un espacio abierto) y colocarse de pie o sentado con el busto erguido. A continuación, y respirando siempre por las fosas nasales, se inspira lentamente llenando la parte inferior de los pulmones: el vientre debe hincharse.

Seguidamente, iremos llenando la zona media de los pulmones: deben levantarse las costillas medias y el esternón.

Por último, se colma de aire la parte superior de los pulmones: se elevan las costillas superiores.

Estas tres fases deben realizarse seguidas, sin interrupción entre ellas, de modo que la respiración sea uniforme y suave. Tampoco es necesario llenar excesivamente de aire los pulmones, error que cometen muchos principiantes y que puede dar lugar a síntomas de poca importancia pero algo desagradables, como la hiperventilación o el mareo.

Una vez llenados los pulmones, y sin efectuar retención de aire, procederemos a exhalar lentamente, sin prisas, observando cómo el pecho y el vientre se van deshinchando poco a poco.

Cuando dominemos bien esta técnica (sea paciente), la inspiración deberíamos completarla en un lapso de dos a cuatro segundos, y la exhalación en el doble de tiempo aproximadamente.

Resulta altamente provechoso realizar una serie de diez respiraciones completas cada mañana después de levantarnos, y otras diez cada noche antes de acostarnos. Hágase a la idea de que estos ejercicios respiratorios serán para usted como el comer o el beber. Más adelante, si lo desea (lo deseará: sus beneficios son incontables), podrá ir aumentando la cantidad de respiraciones profundas hasta veinticinco o más en cada serie. De igual forma, es de gran utilidad hacer algunas respiraciones profundas a lo largo del día, cuando se sienta particularmente estresado o agotado.

Respiración con «pajita»
La finalidad de este ejercicio es conseguir una exhalación lo más suave y lenta posible. Esta forma de expulsar el aire hace que los alvéolos pulmonares aprovechen mejor (entre un 20% y un 40% más) el oxígeno del aire inspirado, y con ello se logre una mejora de la oxigenación total de la sangre, así como de la capacidad pulmonar. Este ejercicio es particularmente útil para aquellas personas expuestas a ambientes cargados y contaminados, ya que combate directamente el exceso de monóxido de carbono en la sangre, (por supuesto, debe realizarse frente a una ventana abierta o, aún mejor, en un lugar con vegetación).

Para realizarlo, procúrese una pajita de las que se emplean para tomar batidos y refrescos. Colóquese de pie y efectúe una inspiración completa profunda. A continuación, colóquese la pajita en la boca y comience a exhalar despacio, sin soplar. Cuando haya expulsado todo el aire, descanse unos segundos y comience una nueva repetición.

Este ejercicio puede realizarlo diariamente en series de tres a seis repeticiones, dependiendo del grado de práctica. En el caso de seguir cada día otras técnicas respiratorias y no disponer de demasiado tiempo, puede separar este ejercicio como complemento para los fines de semana o días alternos.

Respiración purificadora
Este ejercicio está especialmente indicado para practicar en las noches de aquellas jornadas en las que nos hemos encontrado sumergidos en ambientes cargados y contaminados. La respiración purificadora limpia, ventila y elimina los desechos tóxicos que hemos podido acumular en nuestros bronquios y pulmones. Es sumamente eficaz y recomendable para todas las personas, a excepción de aquellas que padecen de angina de pecho o han sufrido un accidente cardíaco (ojo: estamos hablando de enfermedades graves; por contra, los débiles de corazón o del sistema cardiovascular harían muy bien en practicar esta respiración de modo progresivo).

Sentado con la espalda erguida o en posición de pie, inhale una inspiración completa. Cuando haya llenado sus pulmones de aire (sin exagerar), retenga la respiración durante tres o cuatro segundos. A continuación coloque los labios como si fuera a silbar y exhale con fuerza un poco de aire. Retenga un par de segundos el aire que le queda y vuelva a «soplar» otro poco a través de la boca así colocada. Continúe repitiendo la operación hasta que no le quede nada de aire en los pulmones (precisará unas cuatro o cinco espiraciones).

Puede repetir este ejercicio entre dos y diez veces, según su grado de práctica, siempre descansando entre una y otra repetición. Por supuesto, no existe ningún impedimento para realizar la respiración purificadora a lo largo del día, siempre que considere que lo necesita, en series de dos a cinco repeticiones.

Respiración pulmonar total

Generalmente, el ser humano ventila sólo una parte de sus pulmones, la central, por lo que algunos lugares de estos órganos se encuentran permanentemente hipoventilados y de este modo se vuelven propensos a acumular residuos tóxicos y a constituir verdaderos caldos de cultivo para todo tipo de gérmenes patógenos. Este ejercicio le ayudará a airear estas zonas olvidadas, mejorando su función respiratoria, la limpieza de sus pulmones y su salud en general.

La mejor posición de partida para practicarlo es tumbado sobre el suelo (es importante instalar bajo nosotros una alfombra gruesa o una manta). Colóquese de lado y estire el brazo sobre el que se apoya por encima de la cabeza, de tal modo que todo su costado y lo largo del brazo estén en contacto con el suelo. Ahora inspire lentamente por la nariz intentando llenar los pulmones; cuando se sienta saturado, no se fuerce más. Exhale despacio y repita el ejercicio completo durante cinco respiraciones. Luego cambie de lado y reitere la operación.

Algunas personas experimentan una agradable sensación de plenitud, como si se llenaran de aire hasta el estómago y, en parte, esto es verdad. Conviene realizar este ejercicio al menos tres días por semana y, por supuesto, si desea practicarlo a diario, mejor que mejor.

Medidas contra la contaminación atmosférica

Además del indudable valor de los ejercicios respiratorios, existen algunas medidas que todos podemos tomar para paliar los perjuicios de la contaminación de nuestro aire. Se trata de sencillas precauciones y sanas costumbres capaces de mejorar en buen grado nuestra calidad de vida y nuestro caudal de salud.

Medidas de autoprotección

En la ciudad

A) Tenga especial cuidado si su ciudad supera los 100.000 habitantes. Una población densa implica ineludiblemente un parking automovilístico abundante y con ello un nivel de contaminación demasiado alto. Por ello, evite las compras o los paseos en las horas punta y por las zonas de más tráfico.

B) Atención a la industria que su ciudad haya desarrollado en las afueras. El riesgo de daños si su población es industrial se multiplica por dos repecto a las que no lo son. Observe si se alzan columnas de humo más allá de los altos edificios e investigue la existencia de vertederos en los alrededores.

   Si su vivienda se sitúa cerca de estos focos de contaminación, piense en la posibilidad de invertir en salud y trasladar su domicilio al otro lado de la ciudad.

C) Si debe o puede elegir casa, opte siempre por las calles de menos tráfico y huya de las avenidas estrechas y flanqueadas por altos edificios. Prefiera las zonas verdes o una casa en un pueblo satélite no industrializado. Piense que si va a utilizar igualmente el coche, no supondrá un gran trastorno desplazarse algunos kilómetros más. (Los ayuntamientos también suelen ofrecer buenas comunicaciones por medio de los transportes públicos.)

D) Atención a su automóvil. Tenga especial cuidado si lo arranca en un garaje cerrado (el dióxido de carbono ha llegado a matar a personas dentro de sus coches) y bajo ninguna circunstancia permanezca en un lugar sin ventilación con el motor de su coche en marcha. Cuando deba desplazarse por la ciudad en horas punta, cierre su ventanilla. El uso de la motocicleta le ahorrará tiempo y atascos, pero hará que usted respire muchos más tóxicos.

En el trabajo

A) Procúrese una mesa cerca de una ventana. El aire acondicionado de las oficinas está exento de vida (no está correctamente ionizado) y es, año tras año, fuente de contagios de resfriados y gripes entre compañeros de trabajo. Abra esa ventana de cuando en cuando, aunque sólo sea una pequeña rendija en los meses invernales.

B) No fume en la oficina. Además de que la legislación vigente contempla la prohibición de fumar en lugares públicos o de trabajo, se estará haciendo usted un doble daño: el de fumar y el de continuar respirando después el humo que usted mismo ha expulsado. Tampoco sus compañeros no fumadores tienen la obligación de intoxicarse con su tabaco.

De igual modo, si usted no fuma, intente alejarse de aquellos que para trabajar parecen tener que actuar como verdaderas chimeneas humanas.

C) Atención a las fotocopiadoras, ya que son productoras de ozono tóxico. Limite el tiempo que esté expuesto a ellas y si su trabajo se desarrolla alrededor de ellas, mantenga una metódica ventilación del local donde se encuentre.

Si usted realiza un trabajo «de campo»

A) El trabajo en la calle (repartidores a pie o en vehículo, vendedores, etc.) implica un serio peligro de intoxicación por inhalación de aire impuro. Por ello intente distribuir racionalmente y organizar su labor: trabaje las zonas más contaminadas en horas no punta y deje para el horario de más tráfico los lugares de los extrarradios menos polucionados.

B) No fume cuando camine. Si es usted fumador, limite el consumo de cigarrillos y resérvelos para esas paradas cuando se toma un lapso para el café. Caminar en ambientes contaminados y fumar multiplica los daños a su organismo.

Si trabaja en una industria o similar

A) Si es usted un trabajador más o menos fijo, exija todas las medidas de protección. (Digo lo de «fijo» por la lamentable circunstancia de que, si usted es eventual, puede jugarse el puesto.) Cada fábrica u oficio tiene sus medidas que deberían ser respetadas en todo momento, máxime las referidas a salud por manejo y/o inhalación de tóxicos.

B) No fume en ambientes llenos de polución. Si usted trabaja en una industria (metalúrgica, textil, químicas, etc.), no fume nunca en los lugares de producción o cercanos a ellos. Los efectos dañinos para sus pulmones aumentan, ya que se multiplican ambas fuentes tóxicas.

En casa

A) Mantenga bien ventilada la casa. Es importante que dentro de su hogar se respire un aire fresco. De esta forma también evitará las concentraciones de gas radón.

Ventile cuando el ambiente esté más despejado. Si su casa está situada en una calle céntrica, evite limpiar y abrir las ventanas en las horas punta; prefiera para ello las primeras horas de la mañana o la noche.

B) Vigile la perfecta combustión de su cocina, calentador y/o demás aparatos de calefacción a gas o a cualquier combustible fósil. En ocasiones pueden darse pequeñas fugas sin quemar susceptibles de intoxicar el aire de su casa.

C) Si usted utiliza cocina de carbón, evite la acumulación de humo ya que contiene vapores sumamente tóxicos.

D) No fume en habitaciones cerradas o concurridas. No sólo perjudicará al resto de habitantes de la casa sino que usted mismo respirará varias veces humo del mismo tabaco. Asómese a la ventana para fumar o vaya a otro cuarto.

Ocio y tiempo libre

A) Busque nuevas opciones de ocio en ambientes con un aire limpio. Baraje la posibilidad de salir los fines de semana al campo, la montaña, la playa, o a ese pueblecito en las afueras donde las gentes aún cultivan sus tierras. Cómprese un buen calzado para caminar y unos binoculares con los que poder admirar las bellezas de su región. Aprenda a madrugar para salir al amanecer, camine y respire hondo. Acabará gustándole tanto que deseará que llegue el fin de semana para irse de excursión.

Si usted es padre o madre de familia, sus hijos le agradecerán su iniciativa y le aseguro que nunca olvidarán lo que para ellos será una estupenda aventura semanal.

B) ¿Nunca ha pensado en comprarse una bicicleta? La bicicleta es un instrumento de primera categoría para hacer un ejercicio suave por las zonas verdes de su ciudad y respirar un aire más puro.

Si usted vive en el centro de una gran ciudad, no dude en salir hasta las afueras con la bicicleta en el maletero de su coche y bajarse allí para recorrer los alrededores, solo o en familia.

C) No haga ejercicio en el centro de su ciudad. Algunas personas realizan *footing* trotando por las calles de su población, cruzando semáforos y respirando el aire cargado de los tubos de escape. Esto es un error. Si le gusta correr o hacer deporte, busque una zona ajardinada con árboles y elija las horas de menos trasiego de vehículos. Tenga especial precaución con esos días cálidos y soleados en las temporadas de sequía: recuerde que el aire se llena de dióxido de carbono y ozono.

D) Intente no pasar las tardes enteras en cafeterías llenas de humo. Aunque a todos nos gusta conversar con los amigos y tomar un café o una cerveza a la salida del trabajo, en ocasiones nos dejamos llevar por la inercia y acabamos respirando un ambiente cargado de monóxido de carbono y demás venenos durante horas y horas. (Los camareros son el grupo de profesionales fumadores pasivos por excelencia.) De igual manera ocurre durante los fines de semana. Piense si realmente merece la pena y dosifique con lógica su tiempo... y su aire.

E) Aproveche inteligentemente sus vacaciones de verano. ¿Realmente es necesario pasar el mes de agosto en los mismos sitios que todo el mundo? Busque un destino donde las playas contengan agua de mar y no un caldo de cultivo, o donde la brisa corra fresca y no cargada de dióxido de carbono.

Infórmese en su agencia sobre los alojamientos en zonas campestres o, mejor aún, hágase con un buen mapa de España e invierta el mes anterior en planificar unas estupendas «vacaciones naturales»: en nuestro país sobran espacios autóctonos para ello. No descarte la posibilidad de combinar el alojamiento en hostales con el cámping o la acampada libre (infórmese de la legislación vigente), y llévese con usted a su familia o algunos amigos. Ah, y recuerde que esto es válido para todas las edades.

3. Un entorno intoxicado

La lista negra de los contaminantes que nos rodean, lamentablemente, prosigue. Otros tóxicos de gran potencia han irrumpido en nuestras vidas sin apenas darnos cuenta de ello, y sin embargo, las consecuencias de este envenenamiento están comenzando a ser ya desastrosas. Vamos, pues, a permitirnos encender una pequeña luz ahí donde los intereses creados persisten en la obstinada actitud de mantenernos a oscuras.

Intoxicación por metales pesados

La contaminación por metales pesados es una de las más extendidas en nuestra sociedad. Presentes en nuestros alimentos, en nuestras aguas, en nuestro aire, y en cientos de materiales y objetos de uso diario, son por sí mismos fuentes de dolencias y enfermedades que pueden ir desde las simples náuseas o diarreas, hasta las severas disfunciones neurológicas o el cáncer. El problema más grave de los envenenamientos por metales pesados es que se solapan: estas intoxicaciones no son detectadas por los médicos, en ocasiones llevan a errores de diagnóstico a los propios profesionales de la medicina, y en el mejor de los casos son sometidas a un tratamiento sintomatológico que nunca (y digo bien: nunca) sirve realmente para nada, ya que no ataca la raíz del mal.

Los metales más perniciosos, tanto por su potencial venenoso como por su amplia presencia en nuestras vidas, son el plomo, el aluminio, el mercurio, el arsénico y el cadmio.

El plomo

La contaminación por plomo es una de las más peligrosas debido a los altos niveles de exposición que sufrimos a él, y por su gran facilidad para fijarse en los tejidos blandos del organismo.

Las fuentes de intoxicación por plomo son innumerables. Veamos algunas de las más comunes:

- Latas de conserva y de bebidas.
- Humo de los tubos de escape.
- Vajillas de barro barnizadas.
- Aguas de riego contaminadas.
- Agua corriente (tuberías con plomo).
- Cigarrillos.
- Algunos cosméticos.
- Pescado (contaminado por vertidos de plomo).
- Pinturas y revestimientos de interiores.
- Papel de periódico.
- Tintas.
- Verduras y hortalizas (riego con aguas contaminadas, cultivo cerca de carreteras o industrias).

Como vemos, el plomo se derrama como un auténtico manto de muerte sobre nuestras tierras, nuestros mares, nuestros cielos y, en fin, sobre nosotros. Solamente la cantidad de plomo que se respira en el aire de una ciudad de tamaño medio es capaz de provocar al cabo de unos pocos años trastornos sanguíneos (anemias, hiperuricemia), digestivos (diarreas, estreñimiento, náuseas, cólicos), neurológicos (retraso mental, cefaleas, depresión, hiperactividad, parálisis) y embrionales (malformaciones del feto, partos prematuros, bebés con falta de peso, etc.).

En la actualidad el consumo de plomo en las gasolinas es, en los países industrializados, de casi un kilo por persona y año. Aunque cada vez se extiende más el uso de gasolina sin plomo, aún queda un parking automovilístico antiguo incapaz de procesar los aditivos que contiene el combustible libre de plomo. De este modo, en ciertos grupos humanos que desarrollan sus actividades cerca de los humos de los tubos de escape (policías urbanos, carteros, repartidores, taxistas, transportistas, etc.) se han hallado cantidades acumuladas de plomo de hasta diez veces el nivel medio de la población.

Si a esto unimos el plomo presente en las soldaduras de algunas latas de conserva o de refrescos que «impregnan» el producto envasado, los revestimientos y aislantes de paredes en las casas modernas, el consumo de pescado que nadie puede garantizar, etc., nos daremos cuenta del peligro al que estamos sometidos. Respecto al tabaco, hace algunos años una marca española de cigarrillos rubios fue investigada a raíz de una denuncia sobre el alto contenido en plomo de sus hojas de tabaco: tras un largo silencio, hoy en día sigue vendiéndose en todos los estancos y cafeterías de nuestro país.

Cómo defendernos del plomo

El tomar algunas precauciones, no por simples menos efectivas, puede librarnos de vernos afectados antes o después de un serio envenenamiento por plomo:

Limite las actividades físicas en la ciudad en horas punta. Obviamente, no podemos salir a hacer *footing* con máscara antigás, pero sí podemos cambiar nuestros horarios de caminata o deporte, como ya vimos anteriormente. A primera hora de la mañana o durante la noche, las concentraciones de humos de tubos de escape son mucho menos peligrosas, y por lo tanto el plomo en el aire. La respiración agitada absorbe buena parte del plomo ambiental, de manera que una sesión de carrera a las doce de la mañana y por las calles más transitadas de su ciudad puede ser incluso contraproducente.

Reduzca el consumo de enlatados. Los alimentos en conserva no son una buena fuente de salud, de modo que restringir este tipo de comidas va a beneficiarle en todos los sentidos. Si gusta usted

de consumir de cuando en cuando algún refresco, asegúrese de que venga envasado en cristal y no en latas.
Ojo a la lectura de diarios. Tal vez usted tenga la sana costumbre de leer habitualmente el periódico. En este caso, no humedezca los dedos con su saliva para pasar las páginas: la tinta de los diarios presenta un alto contenido en plomo que, de esta manera, usted estará absorbiendo a través de la boca.
Cuidado con los insecticidas de uso doméstico. Si un producto es capaz de acabar con una cucaracha o con una enorme mosca, y teniendo en cuenta la gran capacidad de resistencia a los tóxicos de que gozan los insectos, no le quepa duda de que también le dañará a usted, a su familia y a sus animales de compañía si es que los tiene. Tal vez usted no caiga fulminado, pero sí absorberá el tóxico por medio del aire de su casa y horas después a través de sus manos o hasta sus alimentos: no le quepa duda de que el *spray* lanzado al aire acaba cayendo sobre sus muebles, suelos, etc.
No cocine con utensilios de barro o cerámica esmaltada. Al aplicarles calor, el plomo del esmalte impregna los alimentos que contienen, y a continuación usted los ingerirá repletos del peligroso metal. Prefiera el barro más tosco y sin barnices extraños.
No pinte su casa con pinturas que contengan plomo. Tener las paredes pintadas con pinturas con plomo constituye una agresión constante y a la que usted y su familia estarán sometidos durante años. Consulte con su proveedor y pídale una pintura sin plomo: él sabrá qué marcas lo incluyen y qué marcas no.

Además de prevenir el contacto con los productos que incluyen una alta proporción de plomo en su composición, la naturaleza pone a nuestra disposición lo que llamaré «antídotos», es decir, sustancias que bloquean la absorción del plomo e incluso estimulan al organismo para su eliminación. Si usted cree que se encuentra dentro del grupo de riesgo respecto a la contaminación por plomo, debería incluir en su dieta los siguientes alimentos:

Antídotos del plomo

- Yogures.
- Ajo crudo.

- Cebolla (cruda, en caldos o añadida a sus guisos).
- Verduras de hojas verdes (no contaminadas).
- Alimentos ricos en vitamina C: naranjas, limones, pomelos, fresas, tomates, etc. Asimismo, un suplemento farmacéutico de vitamina C no perjudica nunca y le puede ser de gran ayuda.
- Alimentos ricos en vitaminas del grupo B o suplemento vitamínico equivalente.
- Lecitina de soja (por supuesto, no transgénica).
- Legumbres secas (judías, lentejas, etc.).
- Infusiones depurativas y estimulantes de hígado y riñones: diente de león, grama, romero, barbas de maíz, cola de caballo, levístico, rabos de cerezas, etc.).

El aluminio

El aluminio, cuando aparece en cantidades normales en nuestro organismo, es un oligoelemento de acción reguladora del sistema nervioso, combate el insomnio y es utilizado en dosis terapéuticas en el retraso mental, la demencia senil, etc. Sin embargo, cada vez es más frecuente que los niveles en sangre de aluminio sean bastante superiores a lo que sería deseable, debido a que éste aparece en utensilios de uso tan corriente como:

- El papel de envolver de aluminio.
- Los utensilios de cocina de aluminio.
- Algunos medicamentos antiácidos para el estómago.

Este metal tiene la propiedad de impregnar con facilidad aquello que está en contacto con él, máxime si se le aplica calor. Por ello, si utilizamos con frecuencia baterías de cocina de aluminio, papel metálico, y además tomamos diariamente algún sobre o jarabe de antiácido derivado del aluminio, lo más probable es que estemos sufriendo una intoxicación solapada de aluminio.

El envenenamiento por aluminio puede causar trastornos como las fuertes cefaleas (migrañas), estreñimiento, cólicos, calambres en las extremidades, algunos tipos de dermatitis (eccemas, psoriasis) y la temida enfermedad de Alzheimer.

Cómo defendernos del aluminio

Evite las baterías de aluminio. Aunque su precio es mucho menor, e incluso su peso, los utensilios de cocina de aluminio infiltran el metal en los alimentos que se preparan en ellos, hasta tal punto que en ocasiones las comidas presentan un cierto sabor metálico. Prefiera siempre baterías de cocina tradicionales o de acero inoxidable.

Jamás cocine con papel de aluminio. Algunas personas envuelven sus alimentos en este papel y lo introducen en el horno (sardinas, patatas, etc.) para su asado, sin saber que esta perniciosa costumbre es un camino seguro hacia el envenenamiento, ya que este fino papel desprende micropartículas de aluminio suficientes para causar, en unos pocos meses, serios trastornos de la salud.

Envuelva sus alimentos preparados en papel o herméticos de plástico. Existen algunos papeles satinados especialmente diseñados para el uso alimentario y aptos para envolver alimentos. De igual manera, el papel de plástico (esas finas hojas que parecen adherirse al alimento) puede ser una buena solución para evitar usar papel de aluminio.

Si debe guardar algún resto en su frigorífico, elija siempre los herméticos de plástico: el aluminio no sólo contamina las comidas, sino que su uso es una fuente más de polución ambiental.

Cuidado con los medicamentos antiácidos. Si se ve obligado a tomarlos (con una dieta adecuada no tendría necesidad de ellos, por otra parte), consulte con su médico y pídale que le recete un jarabe, sobres o comprimidos que no sean derivados del aluminio.

Del mismo modo que en el caso del plomo, las intoxicaciones por aluminio se previenen, y se solventan una vez adquiridas, con las siguientes sustancias naturales:

Antídotos del aluminio

- Magnesio, mejor en forma de suplemento de carbonato.
- Alimentos ricos en vitamina A y betacarotenos (zanahorias, tomates, etc.).
- Alimentos ricos en vitaminas del grupo B, o suplementos farmacéuticos de dicha vitamina.

- Ajo crudo.
- Frutas de alto contenido en vitamina C, o suplemento farmacéutico de hasta dos gramos diarios.
- Huevos.

El mercurio

El mercurio se cuela en nuestras vidas de rondón junto con productos de uso diario y alimentos envenenados por pesticidas y vertidos tóxicos de las industrias.

Los síntomas más comunes de envenenamiento por un alto nivel de mercurio en la sangre son la perturbación del buen funcionamiento del cerebro (perturbación mental, disfunciones del habla, histeria, depresión, etc.), lesiones renales, mareos y pérdida del equilibrio, dificultad para masticar y deglutir junto con lesiones en las encías, e incluso trastornos en la locomoción y parálisis.

El mercurio se esconde en alimentos y productos tales como:

- Pescado contaminado.
- Verduras rociadas con pesticidas.
- Pinturas de interior.
- Fungicidas, herbicidas, insecticidas.
- Producción industrial de clorhidro de vinilo.
- Pilas.
- Ceras y abrillantadores de la madera.
- Empastes dentales.
- Cocinas de carbón.

Cómo defendernos del mercurio

Evite los empastes dentales de amalgama. Las amalgamas metálicas contienen un tanto por ciento de mercurio que quedaría instalado casi de por vida en su boca. Pídale a su dentista que le coloque un empaste exento de este metal.

Intente asegurarse de que su pescado esté limpio. El caso de los mariscos es aún mucho más peligroso, porque en muchas ocasiones son recogidos en las zonas costeras fuertemente contaminadas. Si nota un extraño sabor en sus pescados o mariscos, tírelos y acuda a su proveedor para informarle de la situación: aunque sólo sea por conservarle como cliente, la próxima vez se asegurará más del lugar de procedencia de estos animales marinos.

Ojo con las pilas. No las eche nunca al cubo de la basura puesto que son altamente contaminantes y hoy en día existen muchas tiendas con contenedores especiales para ellas. También hace años que se fabrican pilas recargables y pilas sin mercurio (deben llevar la inscripción «0% de mercurio»); no son más costosas que las otras y al usarlas usted estará haciendo un gran favor a la naturaleza y, por lo tanto, a usted mismo.

Cuidado con las cocinas de carbón. El humo que desprenden contiene mercurio, además de otros gases tóxicos. Si posee una de estas antiguas cocinas, ventile bien el recinto y vigile su perfecto funcionamiento.

Antídotos del mercurio

- Selenio, tomado en abundancia en alimentos que lo contengan (cereales, legumbres, etc.) o en forma de cápsulas de levadura enriquecida y de venta en cualquier establecimiento de dietética.
- Calcio, también en alimentos (lácteos, verduras de hoja verde, etc.) o en forma de suplementos.
- Antioxidantes, como las vitaminas A, C y E.
- Patatas.
- Alimentos azufrados (como el ajo, la cebolla y las distintas variedades de col).

Vertederos: enterrados en basura química

Otra importante fuente de contaminación en nuestros días es la presencia de vertederos, más de una vez ilegales, cerca de nuestras ciudades y en ocasiones cerca de nuestras propias viviendas.

La mayoría de los vertederos, incontrolados o no, son de procedencia industrial y lamentablemente suelen estar en lugares muy poco convenientes como márgenes de los ríos o alrededores de las instalaciones de las industrias generadoras de los residuos. La aparición de vertederos tiene su origen tanto en la falta de escrúpulos de los generadores de estas basuras como en la ausencia de una infraestructura funcional suficiente para hacer cumplir, al menos, la normativa vigente.

No cabe duda de que al industrial un vertedero incontrolado le ahorra una buena cantidad de pesetas. A cambio, el coste en salud pública y en degradación ambiental y paisajística es inconmensurable.

En España existen zonas muy deterioradas por los vertederos, legales o ilegales. Estos puntos castigados corresponden a aquellas comarcas altamente industrializadas y que, a su vez, disponen de cauces fluviales de fácil vertido y áreas naturales de difícil localización por parte de las autoridades. Causa horror, por ejemplo, ver el estado de algunos ríos de mi comunidad autónoma (Asturias), del País Vasco o de la misma Cataluña. En otras regiones los vertidos se realizan directamente en la tierra; así, penetran en el subsuelo y contaminan todos los acuíferos subterráneos que encuentran a su paso. Consecuentemente, las poblaciones asentadas en los alrededores de estos territorios de vertidos se han convertido en localidades altamente insanas.

El tipo de vertidos depende de la industria que los produzca (metalúrgica, textil, química, etc.). Sin embargo, todos ellos contaminan el medio que los rodea suscitando deterioros en la salud del ser humano, en la fauna autóctona y en las actividades económicas primarias (el valor de los productos agrícolas de la zona disminuye), secundarias (calidad e imagen de los productos manufacturados) y terciarias (los ingresos por turismo y ocio precisan de un entorno agradable).

Respecto a la calidad de vida, tema que nos ocupa fundamentalmente en este libro, si usted vive en las proximidades de un vertedero industrial en la superficie del terreno, tiene altas probabilidades de sufrir:

- Problemas respiratorios (asma, bronquitis, etc.).
- Deterioros hepáticos.
- Trastornos neurológicos (depresión, nerviosismo, etc.).
- Cefaleas, migrañas.
- Astenia, cansancio, debilidad, falta de apetito.

- Deterioros en el sistema inmunológico.
- Tumores.

Cómo defendernos de los vertidos

Si nuestra vivienda está localizada en las proximidades de una gran industria que produzca vertidos de una manera continuada, las posibilidades de protegernos de los efectos perniciosos de estos residuos son, por desgracia, mínimas. Aun así, siempre será conveniente conocer algunas de las defensas que, en ciertos casos, podemos utilizar para al menos intentar minimizar los daños que las emanaciones de los vertidos tóxicos son capaces de provocar en nuestra salud:

Si debe mudarse a una ciudad altamente industrializada, asegúrese de que su vivienda esté lo más alejada posible del foco de producción. Infórmese también de la posible existencia de vertederos a cierta distancia de la industria y evite su proximidad.
Si su domicilio se encuentra cerca de un vertedero, intente cambiar de vivienda. A veces no es tan complicado como parece y otro barrio dentro de su misma ciudad puede suponer en distancia real al foco de emisión unos dos o tres kilómetros: su salud se lo agradecerá.
Si su domicilio se encuentra cerca de un vertedero y no le es posible cambiar de lugar de residencia, procure compensar la intoxicación que los residuos acumulados producen en su organismo. Éstas son algunas posibilidades:

- Aléjese siempre que pueda del vertedero (una distancia de seguridad podría ser 10 kilómetos) y aprovéchese de los beneficios de un entorno sano: un domingo en el campo, un fin de semana en el chalé de esos familiares o amigos, etc.
- Siga una alimentación rica en vitaminas, minerales y en productos frescos y sin cocinar (frutas, verduras, zumos, cereales integrales de cultivo biológico, aceites vírgenes de primera prensada en frío, etc.). Éstos le protegerán de los daños de la contaminación medioambiental.
- No realice actividades deportivas en las proximidades del foco residual. El alto consumo aeróbico que se produce cuando

se realiza ejercicio hará que usted inhale aún más sustancias tóxicas. Continúe con sus aficiones deportivas, pero busque un lugar para su desarrollo que se encuentre al otro lado de la ciudad o, mejor aún, entre la vegetación más o menos abundante de los extrarradios.

La agonía de los océanos

Nuestros mares se están muriendo.

Ésta, que podría ser una frase especialmente creada para impresionar, no es más que la realidad dicha de una manera directa y sin rodeos. Nuestros mares agonizan y el ser humano parece querer cerrar los ojos a este terrible hecho.

Veamos cuáles son los contaminantes que están haciendo que los océanos sucumban lentamente, y las consecuencias de ello.

Derivados del petróleo

En el último siglo, la industria petroquímica no ha dejado de contaminar los mares con sus desechos. Vertidos, intencionados o no, de miles de toneladas de derivados petrolíferos se han producido y siguen produciéndose como si el mar fuera un enorme basurero sin más importancia que su capacidad de almacenar residuos.

En la actualidad, y gracias a las fotografías de los satélites de observación en órbita, se ha podido comprobar cómo una enorme mancha de petróleo contamina las aguas oceánicas rodeando Europa (España está cercada por todos sus flancos por las mareas negras), buena parte de África, Asia, Japón, y parte del continente americano. Más o menos difuminados, estos terribles «lamparones» de muerte rodean nuestras costas matando y contaminando el pescado que usted y yo adquirimos y comemos.

De la misma manera, esta gravísima contaminación se coloca como una capa sobre la superficie del mar, impidiendo la penetración de la luz solar en el agua y por tanto entorpeciendo la vida de multitud de microorganismos. La consecuencia de ello es la muerte del fitoplancton, fuente de alimentación de buena parte de la fauna marina.

Las aves de hábitat marino o costero también sufren con esta insidiosa contaminación que altera su ecosistema hasta el punto de que se calcula que anualmente llegan a morir por causa directa o indirecta de la polución petrolífera alrededor de un millón de aves, algunas de ellas pertenecientes a especies en peligro de extinción.

Por supuesto, nuestras costas no se libran de las oleadas de petróleo que, tras un «naufragio» o vertido (intencionados o no, que las casas aseguradoras pagan muy bien los desastres navales), bañan los roquedales y la arena, haciendo incomestibles crustáceos y mariscos, y bañando en química a todo aquel que sea tan incauto como para introducirse en estas aguas.

Productos químicos

Además de la contaminación por derivados del petróleo, existen otros productos de residuo que cada año son depositados en las aguas oceánicas. La misma polución de la atmósfera deja caer en la superficie de los mares con las lluvias aproximadamente una cuarta parte de la contaminación total de los océanos.

Por otra parte, los vertidos de productos nitrogenados (residuos industriales, aguas deterioradas por los abonos químicos, etc.) acaban directamente en el mar. Esto ocasiona una alteración en el ecosistema de las algas: algunas especies proliferan destruyendo a otras más débiles y causando mareas de algas tóxicas, a veces de centenares de kilómetros de extensión.

Por supuesto, estos productos químicos atacan de igual forma a los peces y los crustáceos, convirtiéndose en un verdadero riesgo su consumo. Los grandes mamíferos marinos son otros afectados por la contaminación, que causa bajas de miles de ballenas, focas y delfines anualmente.

En los albores del siglo XXI algunos de nuestros más hermosos mares están a punto de morir. Esto ocurre ya con el mar Negro, el Báltico, el Aral y, tristemente, nuestro querido Mediterráneo. Pese a que el mar Mediterráneo supone solamente alrededor del 1 % de la superficie oceánica de nuestra Tierra, este bello mar recibe cerca del 50 % de los vertidos que contaminan las aguas marinas.

Se calcula asimismo que al menos la cuarta parte de todo el

DDT producido cuando aún la elaboración de este pesticida era legal, se encuentra ahora en el mar. Aunque la lista podría ser exhaustiva, sólo una triste anécdota significativa: entre 1952 y 1960, más de 2.000 personas sufrieron serios trastornos neurológicos tras ingerir pescado contaminado de mercurio (de éstas, cuarenta acabaron falleciendo).

Residuos orgánicos

En las zonas costeras son vertidas al mar cada año toneladas de residuos orgánicos en forma de restos de comidas y detritus humanos, en ocasiones por medio de tuberías que se adentran solamente unos metros en el mar, contaminando gravemente nuestras costas.

Esta polución por productos orgánicos modifica también el medio de las algas y los peces de bajamar, a la vez que deja un aspecto y un olor deplorable en muchas de nuestras antiguamente bellas playas.

El estado de las aguas costeras en España

Si la península Ibérica se separase de Europa «rompiéndose» por los Pirineos, se convertiría en una gigantesca isla. España es un país rodeado por el mar. Sus miles de kilómetros de costa hacen que el mar se constituya en una importante fuente de ingresos para la población (pesca, turismo, etc.). Sin embargo, el estado de nuestras aguas no es tan bueno como debería.

La contaminación de las aguas costeras en nuestro país alcanza, en demasiadas zonas, niveles altamente preocupantes, coincidiendo estos puntos con los territorios que rodean las conglomeraciones turísticas así como las de más alta industrialización de España. De este modo vemos cómo las áreas más fuertemente contaminadas corresponden a la Costa Brava norte, la costa del Maresme a Salou, el litoral de Castellón y Valencia, el tramo Benidorm-Torrevieja, Mahón, Bahía de Palma, Cartagena, el tramo Almería-Roquetas de Mar, Motril, Almuñécar, Costa del Sol-Málaga, el litoral exterior de La Línea y la bahía de Algeciras.

Como vemos, el mar más dañado es el Mediterráneo. Permítanme contarles una triste anécdota personal que nunca olvidaré: en el año 1988, estando de vacaciones en la costa de Alicante, sufrí, tras un agradable baño en una de sus pequeñas playas, una enrojecida erupción llena de granos allí donde el bikini había retenido el agua durante algún tiempo después de salir del mar; afortunadamente, remitió por sí misma en pocos días.

En la actualidad, para informar de la calidad del agua de playas y puertos costeros, la UE utiliza las llamadas «banderas azules», indicativos concedidos por un jurado internacional constituido por miembros de la Comisión de la Unión Europea. Aunque las playas y los puertos galardonados con la bandera azul cumplen todas las normas de sanidad, estos cánones son, en ocasiones, algo «elásticos» y demasiado permisivos. Aun así, a la hora de planificar sus vacaciones o su tiempo de ocio, puede serle de utilidad conocer las playas que han sido calificadas como buenas (bandera azul) de manera más o menos consecutiva en los últimos años, lo cual avala una cierta garantía de salubridad.

Relación de playas con constancia de banderas azules en los últimos años (Localidades y playas correspondientes)

ANDALUCÍA

Vera (Almería) .... El Playazo-Puerto Rey
Benalmádena .... Santa Ana
Mijas .... Calas de Mijas
Lepe (Huelva) .... La Antilla
Barbate (Cádiz) .... Nuestra Sra. del Carmen
Chiclana de la
Frontera (Cádiz) .... La Barrosa
Cádiz .... La Victoria

ASTURIAS

Villaviciosa .... Rodiles
Muros del Nalón .... Aguilar
Luarca .... Salinas

BALEARES

Ferrerías (Menorca) .... Cala Galdana
Alcudia (Mallorca) .... Bahía de Alcudia
Calvià (Mallorca) .... Paguera Tora
Andraitx (Mallorca) .... Bahía de Cala Millor
Palma de Mallorca .... Playa de Palma

CANARIAS

Santiago del Teide (Tenerife) .... La Arena

CANTABRIA

Noja .... Ris
Santoña .... Berria

CATALUÑA

Castelldefels (Barcelona) .... Castelldefels
Torrella de Montgrí (Girona) ...... L'Estartit
Palamós (Girona) .... Gran Playa de la Bahía
Tossa de Mar (Girona) .... Platja Gran de Tossa
Sant Feliu de Guíxols (Girona) ..... Sant Feliu de Guíxols
Platja d'Aro (Girona) .... Platja d'Aro
El Vendrell (Tarragona) .... Coma-ruga
Montroig del Camp (Tarragona) ... Playa Cristal
Vilaseca-Salou (Tarragona) .... La Pineda

GALICIA

Muros (A Coruña) .... S. Francisco Louro
Oleiros (A Coruña) .... Bastiagueiros
Miño (A Coruña) .... Playa Grande de Miño
Foz (Lugo) .... A Rapadoira
Sanxenxo (Pontevedra) .... Silgar
Vigo (Pontevedra) .... Cie

MURCIA

Cartagena .... Mar de Cristal

COMUNIDAD VALENCIANA

Sagunto (Valencia) .... L'Almardá
Cullera (Valencia) .... San Antonio
El Faro
Gandía (Valencia) .... Norte
Tabernes de Valldigna (Valencia) ... Tabernes
Xeraco (Valencia) .... Xeraco
Denia (Alicante) .... Les Marines
Les Rotes
Calpe (Alicante) .... La Fosa
Arenal
Benidorm (Alicante) .... Levante
Poniente
Villajoyosa (Alicante) .... El Paraíso
Alfaz del Pi (Alicante) .... L'Albir
Elche (Alicante) .... Arenales
Campello (Alicante) .... El Carrer de la Mar
Torrevieja (Alicante) .... Torrelamata
Los Locos
Pilar de la Horadada (Alicante) .... Mil Palmeras
Guardamar del Segura (Alicante) .. Centro
La Roqueta
Santa Pola (Alicante) .... Levante
Varadero
San Juan (Alicante) .... Playa de San Juan

4. La amenaza de las radiaciones

Un mundo irradiado

Todos los seres que habitamos este planeta estamos constantemente bombardeados por radiaciones: rayos cósmicos provenientes de la febril actividad interestelar, rayos gamma de la propia corteza terrestre, rayos solares, procedentes de ciertos gases, del agua, de los alimentos, etc. Todas estas radiaciones son naturales, es decir, proceden de la misma naturaleza sin que el hombre intervenga en ellas, y forman parte de la existencia de la Tierra como planeta vivo. Sin embargo, y desde hace apenas 100 años (un suspiro en la vida de nuestro planeta), el ser humano ha conseguido centuplicar los niveles normales de radiación en la superficie terrestre.

Desde los descubrimientos de Madame Curie hasta Einstein, pasando por Rutheford, Chadwick y toda una generación de investigadores que pusieron su ciencia, sin saberlo, al servicio de las manos ambiciosas y criminales de los gobiernos, no transcurrieron más de unas decenas de años. Poco tiempo después de la fabricación de la primera bomba atómica, los radionucleidos se han esparcido por la Tierra de manera que buena parte de los organismos vivientes (entre los que nos encontramos los seres humanos encabezando el *ranking*) presentan en sus tejidos acumulaciones patológicas de sustancias radiactivas sin saberlo.

¿Cómo ha sido posible tal «hazaña»?, ¿es factible que en tan corto lapso de tiempo el hombre haya podido desperdigar por la faz de la tierra tanta radiactividad? Les conmino a que lean atentamente la siguiente crónica de una esperpéntica muerte anunciada.

Cronología de una historia de terror

1897. Thomas Alva Edison trabaja en la investigación de los rayos X. Edison padece úlceras en ojos y piel.
1898. Los esposos Curie descubren el radio y el polonio.
1905. Los trabajadores que manipulan el radio presentan un nivel de espermatozoides inferior al normal.
1913. En Japón, el bar llamado «Marie Curie» invita a sus clientes a beber combinados de agua con radio.
1923. Tras avisar repetidamente del peligro de los rayos X, se hace pública la relación de un centenar de médicos y científicos que han muerto a causa de las radiaciones.
1934. Muere Madame Curie a causa de una leucemia.
1939. Tras las primeras escisiones del átomo del uranio en el laboratorio, Albert Einstein envía una carta al presidente Roosvelt instándole en la necesidad de fabricar la bomba atómica.
1945. Estados Unidos lanza su primera bomba atómica con fines bélicos sobre Hiroshima.
1946. Estados Unidos lanza la segunda bomba atómica. Destino: Nagasaki.
1949. Estados Unidos (islas Marshall) y la Unión Soviética (Kazajstán) comienzan sus pruebas nucleares. Cerca de 8.000 curios de yodo 131 son vertidos a la atmósfera durante un experimento de fisión nuclear.
1950. Truman da la luz verde para la fabricación de la bomba H, a base de hidrógeno.
1954. Muere un miembro de la tripulación del barco de pesca japonés *Daigo Fukuryu Maru*, expuesto a las radiaciones de la prueba de la bomba H en las islas Marshall.
En el mes de marzo y en estas mismas islas, se produce la detonación de una bomba termonuclear de 15 megatones.
1957. A la vez que Gran Bretaña prueba su primera bomba H en la isla Christmas, un tanque de almacenamiento de resi-

duos radiactivos explota en el centro de armas nucleares de los Urales (Unión Soviética). Once mil residentes son evacuados. El mismo año, un avión americano de transporte deja caer dos explosivos nucleares en el Atlántico que aún no han sido recuperados.

1958. Un bombardero B-47 sufre un accidente: la radiactividad se dispersa por la zona. Otro B-47 deja caer armas nucleares en Carolina del Sur: la población es controlada médicamente.

Un reactor nuclear en Yugoslavia sufre un accidente: ocho empleados enferman. Cinco trabajadores mueren tras un fallo en el tratamiento de plutonio en el centro de investigación de Los Álamos.

1959. Un reactor atómico se pierde en medio del Atlántico. Años después se descubre que dicho reactor se deshizo en medio del océano.

1960. Francia comienza su carrera de pruebas atómicas con una explosión atmosférica en el Sahara.

1963. Un satélite de la Marina estadounidense sufre un accidente: el plutonio 90 penetra en la estratosfera y se disemina sobre doce países.

1964-1967. Más de diez accidentes nucleares en distintas partes del mundo siguen contaminando el aire y las aguas.

1969. Francia, que se había negado a firmar un tratado de interrupción de pruebas nucleares atmosféricas, lleva a cabo su primer experimento con bombas H en los atolones del Pacífico.

Se produce un accidente en una fábrica de armas atómicas del norte de China y la radiactividad infesta la zona.

1970. En las cercanías del centro de pruebas atómicas de Nevada, aparecen enormes grietas en la tierra y un gran hongo nuclear se eleva alcanzando los 3 kilómetros de altura. Se evacua urgentemente al personal, y 100 trabajadores sufren radiaciones.

1972. Un submarino nuclear soviético sufre una avería en su reactor al noroeste de Terranova. Se silencian las consecuencias.

1974. Se calcula en 1.600 millones de litros el material radiactivo vertido en el complejo nuclear de Hanford desde su apertura.

En este año, la India lleva a cabo su primera prueba nuclear subterránea.

1975. Un oficial de la KGB revela que soldados soviéticos son obligados a introducirse en la zona altamente contaminada del lago Baikal. Tres cuartas partes de estos soldados murieron a causa de las enfermedades contraídas.

1977. Se detecta una alta proporción de casos de leucemia entre los 170.000 soldados que participaron en las pruebas nucleares de Nevada. El Gobierno propone indemnizaciones.

Un camión derrama cerca de 20 toneladas de polvo de uranio en una autopista de Colorado.

1978. El satélite Cosmos 954, portador de un reactor nuclear, se estrella en un lago de Canadá.

Se descubre que un equipo atómico emplazado por la CIA en el Himalaya produjo una fuerte contaminación en el río Ganges.

Los habitantes de Utah exigen daños y perjuicios al Gobierno estadounidense por las lesiones ocasionadas por la lluvia radiactiva procedente de Nevada.

1979. Un portaaviones nuclear derrama 50 litros de agua altamente radiactiva en la bahía de San Diego.

Francia prosigue sus pruebas atómicas en Mururoa, donde causa al menos dos muertos y varios heridos. En julio del mismo año, seis trabajadores franceses en el atolón resultaron heridos a consecuencia de una ola gigantesca provocada por una explosión atómica subterránea. En agosto se produjo un vertido de plutonio sobre el arrecife.

1981. La planta nuclear de Tsuruga, en Japón, vierte de manera descontrolada residuos directamente al mar.

En el atolón de Mururoa un ciclón arrasó un depósito de residuos radiactivos: más de 20 kilos de plutonio cayeron al mar.

1983. Se hunde un submarino atómico soviético cerca de la península de Kamchatka.

1985. Se derrama la carga de uranio transportada por un camión en las cercanías de Dakota.

El *Rainbow Warrior*, buque ecologista de Greenpeace, es hundido por una bomba colocada por el servicio secreto francés. Muere un tripulante.

1986. Estalla el reactor n.º 4 de la planta nuclear de Chernobyl. La contaminación se extiende por toda Europa. En Suecia, al otro lado del mar Báltico, la radiactividad destruyó una gran parte del hábitat de los lapones y causó graves daños a la zona de granjas lácteas del centro del país.

1987. Se revela que entre 1945 y 1947 dieciocho personas fueron inyectadas con plutonio directamente en la sangre.

Se produce un escape radiactivo en Darmstadt, Alemania Occidental.

1988. Escape radiactivo en un reactor japonés.

Se hunde un barco que transportaba material radiactivo al norte de Gales.

1989. En Kíev, a 40 kilómetros de Chernobyl, la radiactividad dispara las agujas de los detectores. En dicha ciudad se controlan periódicamente a más de medio millón de ciudadanos, realizando tratamientos similares a los seguidos en Hiroshima y Nagasaki.

Se detectan anormalidades cromosómicas entre los habitantes de Ucrania.

Se informa de al menos 250 muertos entre los empleados de la central de Chernobyl.

Se incendia la central nuclear española de Vandellós I. Las autoridades guardan un celoso silencio sobre las consecuencias del accidente. A la vez, organismos internacionales califican el suceso como «el más grave después de Chernobyl».

1990. Se demuestra la relación entre exposición a la radiactividad de los padres y leucemia en su descendencia.

Un diario austríaco informa de 6.000 muertes por cáncer de tiroides tras la catástrofe de Chernobyl.

El Soviet Supremo estudia un plan para evacuar 200.000 personas de las zonas circundantes a Chernobyl.

Unas 125.000 personas pudieron ser contaminadas en la explosión de la central nuclear de Kazajstán.

En una conferencia internacional en Polonia, científicos

soviéticos reconocen que en el futuro miles de personas fallecerán por los efectos de las radiaciones vertidas al exterior en el desastre de Chernobyl.

1991. Se producen tres accidentes nucleares en Japón: Fukulk, Onagwa y Kashiwazaki.

Escape en un silo de armamento nuclear en Dakota del Norte.

Se detectan tres fugas radiactivas en la central nuclear de Kozloduj, en Bulgaria.

Greenpeace denuncia la existencia de vertidos nucleares en el océano Glaciar Ártico.

Accidente en el acelerador nuclear del Hospital Clínico de Zaragoza. Dieciocho personas reciben radiaciones.

1992. La antigua Unión Soviética vierte residuos radiactivos en el mar de Kara.

Accidente en la central nuclear de Sosnovi Bor, cerca de San Petersburgo. Suecia registra los efectos de la fuga radiactiva.

Escapes nucleares en las centrales de Kozloduj (Bulgaria) e Ignalina (Lituania).

Se encuentra polvo radiactivo procedente de Chernobyl en una perforación del casquete glaciar en Groenlandia.

Los efectos mutagénicos del cataclismo de Chernobyl causan una intoxicación aguda a más de 1.000 personas en Rusia y Ucrania, tras ingerir unas plantas afectadas.

1993 en adelante. Francia continúa su campaña de pruebas nucleares en el atolón de Mururoa. El comandante Cousteau y su tripulación fueron testigos de dichas pruebas nucleares, tras las que se sumergieron a una profundidad de 200 metros: el coral estaba agrietado y a través de estas fisuras se detectaron fugas radiactivas. Nadie osa permanecer dentro del agua más de cinco minutos en las playas de Mururoa si no quiere lucir unas erupciones rojas en la piel que permanecen durante días y causan unos grandes picores.

Prosiguen los vertidos radiactivos. Los contenedores de material nuclear no parecen cumplir las condiciones mínimas de seguridad.

1997. Después de más de 200 pruebas atómicas, Francia expresa su intención de abandonar dichas prácticas.

Se detecta aún un alto nivel de radiactividad en un amplio radio alrededor de la central nuclear de Chernobyl.

El comandante Cousteau muere.

Radiación y salud

A nadie escapa que la radiación artificial, en particular la radiactividad, es uno de los mayores peligros para la salud al que estamos sometidos los habitantes de la Tierra que nos tocará vivir el inminente siglo XXI. Leucemias, cánceres, cataratas, daños en la médula espinal, trastornos de la glándulas tiroides, defectos congénitos en la descendencia, etc., son algunas de las gravísimas enfermedades que la exposición a la radiación y a las sustancias contaminadas por ella provoca en el ser humano y, por supuesto, en el resto de seres vivos. ¿Es tan peligrosa la radiactividad?, ¿hasta qué punto nos influye una fuga o un vertido ocurrido hace veinte o treinta años? Veámoslo.

Sustancias radiactivas comúnmente utilizadas

Bario-140. Tiene una vida media (tiempo que debe transcurrir hasta que se desintegren el 50% de los átomos de la sustancia radiactiva) de 13 días y ataca a los ovarios en las mujeres.
Cesio-134. Su vida media es de 2 años. Es absorbido por todo el cuerpo.
Cesio-137. Su vida media es de 30 años y se acumula principalmente en el tejido muscular y lo ovarios.
Cobalto-60. Tiene una vida media de 5 años. Aunque se distribuye por todos los tejidos (ovarios, glándulas, etc.), el hígado acumula cobalto cuatro veces más que el resto de los órganos.
Estroncio-90. Su vida media es de 29 años y por su simbiosis con el calcio presente en el organismo se acumula fundamentalmente en el sistema óseo y la médula espinal.
Fósforo-32. Tiene una vida media de 14 días y se concentra en el sistema óseo.

Itrio-90. Con 3 días de vida media, se acumula fundamentalmente en la glándula pituitaria.
Criptón-85. Posee 10 años de vida media y ataca a los órganos de reproducción.
Molibdeno-99. Tiene una vida media de 66 años. Es absorbido por los riñones, el hígado y los huesos.
Plutonio-239. Su vida media es de ¡24.500 años! Afecta fundamentalmente al hígado, los pulmones y el sistema óseo.
Polonio-210. Su vida media es de 140 días y se acumula en el páncreas y otros órganos vitales.
Radio-224. Tiene una vida media de 4 días y tiende a acumularse en los huesos.
Radio-226. Su vida media es de 1.620 años y también se almacena fundamentalmente en el sistema óseo.
Yodo-131. Posee 8 días de vida media y ataca directamente a la glándula tiroides.

Como vemos, no existe sustancia radiactiva alguna que sea inofensiva para el ser humano: todas se acumulan en uno u otro tejido corporal siendo la causa potencial de serias enfermedades de estos órganos. Algunos materiales poseen una vida media activa que los hace imposibles de eliminar en el tiempo suficiente como para no sufrir lesiones, y otros, como en el caso del plutonio, son terroríficamente cuasieternos y capaces de sobrevivirnos a nosotros y a nuestras generaciones venideras.

El cuerpo humano ante la radiación

Pero ¿cómo responde nuestro organismo ante la agresión de las radiaciones?, ¿en qué consiste este mecanismo destructor? Veámoslo.

La radiación se produce a través de la descomposición de algunas partículas (alfa y beta). Esta desintegración da lugar a una ionización capaz de traspasar nuestras células y ocasionarles un *shock* del que, afortunadamente en la mayoría de las ocasiones, se recuperan de manera natural. Sin embargo, cuando el bombardeo adquiere cierta intensidad, o cuando la exposición a la radiación ionizante se prolonga en el tiempo, puede ocurrir que las células mueran o, lo que es bastante peor, sufran una mutación. Pensemos en un terrible ejemplo: tras el accidente de Chernobyl se encontraron flores que crecían libremente en el campo y que habían cambiado el color y la textura de sus hojas. Lamentablemente, los organismos más complejos, como el de los animales superiores, entre los que nos encontramos nosotros, no cambian de tonalidad ni sufren curiosas transformaciones propias de los libros de ciencia-ficción: la mutación supone la enfermedad y no pocas veces la muerte.

Cuando el cuerpo es expuesto a altas o continuas dosis de radiación, el ADN –ese computador de la vida en forma de espiral donde se acumulan todos los datos que permiten a nuestras células reproducirse correctamente y que logran que sigamos siendo nosotros mismos día tras día y no un pez, un árbol o un ser extraño–, experimenta una destrucción en los filamentos o en algunas de sus «vueltas». El ADN no se destruye pero sí se transforma y a partir de ese momento, cada vez que la célula se reproduzca lo hará sobre un modelo erróneo de ADN. Esto es tan grave como para originar tumores cancerosos (grupos de células «locas») o como para que nuestros hijos sufran todo tipo de malformaciones congénitas.

Cantidad de radiación y riesgo

La ciencia médica aún no ha sido capaz de cuantificar la cantidad de radiación suficiente para ocasionar daños en las estructuras celulares. Aunque las autoridades sanitarias han establecido un baremo bajo el cual establecen el límite de radiación anual para el ser humano en 0,5 rem, parecen aceptarse dosis de hasta 5 rem en tejidos individuales, e incluso los Gobiernos de zonas contaminadas radiactivamente han doblado las estimaciones de inocuidad hasta 10 rem. Sin embargo, podemos afirmar que todas las dosis son potencialmente perjudiciales. Si bien es cierto que las exposiciones a radiaciones por encima de los 300 rem provocan graves consecuencias desde el mismo momento de ser recibidas (vómitos, diarreas, quemaduras en la piel, hemorragias, caída del cabello, etc.), no lo es menos que las radiaciones de baja intensidad recibidas de forma más o menos continuada son capaces de provocar daños genéticos no perceptibles en el momento y que se revelarán tal vez algunos años después. De igual manera, absorber por vía interna sustancias contaminadas radiactivamente (agua, alimentos, etc.) eleva el riesgo de padecer graves enfermedades por acumulación años después de haber comenzado la exposición.

Hoy en día en los círculos científicos tiende a desestimarse la teoría del límite de umbral, válida hasta hace poco, inclinándose por el contrario por la hipótesis de que toda exposición a la radiación ionizante artificial supone, de una manera u otra, algún peligro para la salud. No cabe duda, sin embargo, de que, como si de una tómbola macabra se tratase, cuantas más veces por año nos expongamos a la radiación y cuanta más cantidad de radiación absorbamos, más riesgo correremos de sufrir daños genéticos. Se trata de un terrible «poco es suficiente, pero mucho será fatal».

Por otra parte, las autoridades mundiales poco escrupulosas (no hablo de gobiernos: en este tipo de cuestiones casi da lo mismo que el escape nuclear se produzca en California que en Los Monegros) cuentan con una ventaja: la radiación no provoca efectos perceptibles por debajo de unos límites ciertamente amplios; es decir, podemos estar sufriendo una contaminación nuclear severa y no ser conscientes de ello jamás. Por debajo de los 100 rem no existe efecto perceptible alguno, siendo sin embargo ésta una cantidad suficiente como para provocar un tiempo después padecimientos que, hoy por hoy, no tienen cura. Como ejemplo, tengamos en cuenta que durante 1986 y años siguientes, mientras todos nosotros seguíamos realizando nuestra vida normal, tranquilos y confiados, las cúpulas de los Estados europeos debatían aterrorizadas por las lluvias radiactivas que caían sobre nuestro continente procedentes de Chernobyl contaminando plantaciones hortifrutícolas y animales de granjas (leche, quesos, carnes, etc.). Hoy por hoy, la radiactividad procedente de la mayor catástrofe nuclear conocida continúa infectando nuestro planeta.

Enfermedades causadas por la exposición

La exposición a la radiactividad es fuente de numerosas enfermedades, todas ellas ciertamente graves y producto de los daños celulares provocados por la radiación. Veamos algunas de las más frecuentes.

Cáncer

En los países occidentales, la tasa de mortalidad por tumores malignos oscila entre el 5% y el 20%. Esta proporción alcanza su índice más alto (el 20%) en un país puntero como Estados Unidos, dotado con todos los adelantos de última generación y los mejores hospitales. Curiosamente, éste es uno de los países más contaminados nuclearmente de la Tierra.*

Aunque aún no es factible establecer una correlación exacta entre radiactividad y tumores, es decir, no podemos concretar qué cantidad de radiación provoca o no cáncer, sí es posible afirmar que una exposición excesiva a la radiactividad incrementa en tantos por cientos muy elevados la probabilidad de contraer esta enfermedad.

Aunque éste es un tema sobre el que las autoridades sanitarias parecen querer guardar un absoluto silencio, tal vez por ser un tema obvio, tal vez por no querer asustar demasiado a la población, a nadie escapa que hace cincuenta años el cáncer era un padecimiento poco común. En las últimas décadas, los casos de tumores malignos se han incrementado a una velocidad y con una virulencia extraordinaria, y lamentablemente pocas son las familias actuales en las que algún miembro no ha sido afectado por esta gravísima enfermedad. También desgraciadamente, los índices de curación definitiva todavía hoy son muy bajos.

* Solamente en Estados Unidos existen 17 instalaciones de fabricación de armas nucleares. En ellas, se arrojan anualmente al aire miles de kilos de polvo de uranio, además de contaminar las aguas con cobalto-60, estroncio-90, tetraclorido de carbono, uranio, cesio-137, plutonio-239, itrio, etc. Además, en el terreno de pruebas de Nevada (a 100 km. de Las Vegas) se han realizado hasta la fecha más de cien pruebas nucleares atmosféricas y más de setecientas subterráneas.

¿Cómo influye la radiactividad en el desarrollo de un tumor maligno? Tal como hemos visto anteriormente, el bombardeo de la radiación ionizante sobre las células provoca un daño en su ADN y por tanto altera la reproducción normal de éstas. La mutación de una célula generalmente es combatida con eficacia y la célula dañada es detectada como extraña por los propios sistemas de defensa del organismo: la célula es aniquilada. Se afirma que todos padecemos cáncer cientos de veces en la vida, pero éste no llega a desarrollarse más allá de unas pocas células malignas antes de ser destruido. Sin embargo, si nuestro sistema inmunológico está debilitado, o si el daño en el ADN es demasiado grande, las células sanas son incapaces de frenar el crecimiento de las células mutadas: el tumor comienza entonces a desarrollarse.

De igual modo, la leucemia, un tipo de «cáncer de la sangre» que ataca a la médula espinal bloqueando la producción de glóbulos blancos, se encuentra directamente relacionada con la exposición a la radiación, tanto nuclear como electromagnética, afectando fundamentalmente a la población de menos edad.

Concluiremos este apartado con un dato terrorífico: se calcula que la contaminación nuclear y las lluvias radiactivas habrán causado en el año 2000 cerca de 500.000 muertes en el mundo por cáncer.

Cataratas

La relación entre degeneración del cristalino y exposición a la radiación está perfectamente documentada desde Hiroshima y Nagasaki. Salvo los casos de aquellas personas que trabajan con productos radiactivos, en nuestra sociedad el mayor peligro de sufrir cataratas viene dado por la exposición incontrolada al sol (leer en la playa sin gafas protectoras es una de las actividades más peligrosas para el cristalino).

Debilitamiento de las defensas

Las radiaciones afectan directamente al sistema inmunológico debilitando nuestras defensas naturales y haciéndonos más vulnerables a todo tipo de infecciones. Del mismo modo, la resistencia normal a las enfermedades, es decir, la fortaleza física y capacidad de autoregeneración sufren un notable decaimiento en aquellas personas expuestas a la radiactividad.

Hipertiroidismo

Si un irradiado logra librarse de un tumor tiroideo, su glándula tiroides aún corre el riesgo de ser seriamente afectada por una hiperfunción que arruine la vida de su propietario.

El hipertiroidismo se caracteriza por una sobreestimulación de esta glándula situada en el cuello y que, según su gravedad, se manifiesta en forma de bocio exoftálmico («ojos saltones»), nerviosismo crónico, adelgazamiento marcado, y una serie de trastornos en el resto de los sistemas glandulares. Como sabemos, la tiroides contiene grandes cantidades de yodo, oligoelemento que precisa para su normal funcionamiento. Si un ser humano recibe una radiación anormal por yodo-131 (yodo radiactivo), la glándula tiroides captura ávidamente este yodo y lo acumula patológicamente en su interior. Aunque la vida media del yodo-131 en el exterior es de apenas una semana, cuando es almacenado dentro del sistema corporal se mantiene sin destruirse durante mucho más tiempo, ya que se interrumpe la cadena que permitía la degradación de su radiactividad. La consecuencia es, si tenemos la fortuna de zafarnos de un cáncer, la irritación de la glándula y por tanto la enfermedad llamada hipertiroidismo.

Malformaciones genéticas

Ésta es una de las calamidades más terribles producidas por la radiactividad: los daños genéticos en la descendencia de las personas expuestas.

Nuestros hijos son fruto de nuestro material genético, y si éste ha sido dañado, es evidente que les transmitiremos ADN defectuoso. Lo más grave de este hecho es que la mayoría de nosotros no sabemos si estamos o no afectados: exposición a rayos X, posible ingestión de alimentos irradiados, contaminación por aire y agua, etc. Una dosis de radiación aparentemente inactiva en un adulto puede significar, sin embargo, la desgracia para su descendencia.

Tanto en los tristes casos de Hiroshima y Nagasaki como en las no tan públicas explosiones atómicas en Mururoa, islas

Marshall, Nevada, etc., se han registrado y anotado en los anales médicos cientos de casos terribles de malformaciones congénitas en los niños nacidos tras la exposición de los padres a la radiactividad.

Menos espectacular pero no por ello menos triste es el incremento que en nuestra sociedad experimentan las malformaciones cardíacas en recién nacidos, que no pocas veces acaban en breves años con la vida de estos pequeños (los defectos congénitos afectan a una media del 3% y el 5% de los recién nacidos en los países occidentales).

Estudios recientes han demostrado un importante descenso en el número y la vitalidad de los espermatozoides producidos por los hombres de los países occidentales. Esto, unido a las nefastas consecuencias que para el sistema reproductor, tanto femenino como masculino, tienen las radiaciones a las que nos exponemos diariamente sin ser conscientes de ello (contaminación nuclear, televisión, microondas, etc.), repercute indiscutiblemente en los niveles de fertilidad de la población y, lo que es bastante más importante, en la fortaleza y salud de nuestros hijos.

La radiactividad en nuestras vidas

La radiactividad está presente en nuestras vidas. Éste es un hecho que no tiene discusión y que debemos, primero, aceptar, y posteriormente intentar combatir.

¿Cuáles son las fuentes de radiación que nos afectan?, ¿dónde se esconde esta energía? Vamos a verlo sin más preámbulos.

Contaminación nuclear ambiental

Tanto las pruebas nucleares llevadas a cabo desde los años cincuenta (en ocasiones uno se pregunta qué enorme torpeza lleva a las autoridades militares a probar una y otra vez el mismo tipo de armamento sin acabar, a lo que se ve, de extraer conclusiones válidas de una vez), como la fabricación de armamento de guerra nuclear, la pésima seguridad de las centrales de energía nuclear, los depósitos de material de desecho radiactivo, las pérdidas, las fugas, etc., han llevado a que los organismos vivientes de este nuestro planeta hayan incorporado en sus células cantidades más que significativas de cesio134 y 137, plutonio-239, cobalto-60, estroncio-90, radio-226, y un largo etcétera de sustancias radiactivas altamente peligrosas y cuya vida media supera con mucho la de nuestra propia existencia individual. Un vertido nuclear en aguas del Atlántico, una explosión subterránea en las islas del Pacífico, una fuga radiactiva en Ucrania, todo ello acaba repercutiendo antes o después en nuestro entorno y, en consecuencia, en nosotros. No olvidemos que la Tierra es en sí un ecosistema y tanto el aire como el agua son excelentes medios de transporte que recorren la superficie del globo sin distinguir países ni gobiernos. Las consecuencias, tanto a corto como a largo plazo, de esta degradación integral de nuestro planeta son imprevisibles y de perspectivas nada halagüeñas.

Alimentos irradiados

A partir del accidente de Chernobyl las autoridades europeas se dieron cuenta de la magnitud del riesgo que para la población (y para las arcas de la Seguridad Social) supondría el consumo de alimentos procedentes de zonas afectadas por la lluvia radiactiva.

Todo el norte de Europa e incluso Italia e Inglaterra fueron afectados por la contaminación nuclear. Los pastos no eran aptos para el consumo del ganado, de igual manera que las verduras no lo eran para la alimentación humana. Y sin embargo, solamente la producción que literalmente «hacía saltar el contador» fue retirada del mercado porque lo contrario hubiera causado un *crack* en la economía de mercado de los países más dañados (Suecia, Países Bajos, etc.). Enlatados, carnes, quesos, mantequilla, etc., seguían circulando por toda Europa y eran consumidos por la población con la más absoluta impunidad.

El accidente de Chernobyl ha sido la mayor bofetada que hemos recibido los europeos en lo que a nuestra salud respecta. Contra lo que podría pensarse, las enormes cantidades de radiactividad vertidas a la atmósfera aún no han desaparecido. Estudios realizados por personal independiente durante 1995 han revelado la presencia significativa de radiactividad ambiental en todo el norte de Europa; de igual forma, en los alrededores de la central nuclear de Chernobyl los detectores siguen saltando y disparándose igual que hace once años. Si tenemos en cuenta que uno de los contaminantes vertidos a raíz del accidente fue, entre otros, el cesio-137 y que éste tiene una vida media de 30 años, nos daremos cuenta de que, al menos hasta el año 2016, no nos veremos libres de este elemento. Esto, por supuesto, obviando los demás contaminantes y la circunstancia de que los elementos radiactivos absorbidos por los organismos vivos ralentizan su descomposición de los átomos activos nuclearmente en átomos inocuos, pudiendo doblar, triplicar e incluso multiplicar un largo número de veces su vida media.

Es ciertamente dudoso que los alimentos que hoy en día recorren las estanterías de los hipermercados de nuestro país procedentes del norte de Europa estén libres de contaminación radiactiva. Lo es, incluso, que nuestros propios productos sean absolutamente seguros (Italia ha reconocido ya hace años la presencia sobre sus campos de lluvia radiactiva). Si les sirve de referencia, les contaré cómo yo misma asistí, una soleada mañana del invierno de 1992, a una extraña medición con un no menos extraño aparatito negro de unos tarritos para el consumo alimentario infantil, en una farmacia de mi ciudad. Ni que decir tiene que la pobre farmacéutica se llevó el gran susto al verme entrar en su despacho y se apuró en ocultar el artefacto que segundos antes yo había visto cómo pasaba por la superficie del expositor de alimentación infantil observándolo atentamente. Inquietante, ¿verdad?

Pero no sólo Chernobyl ha contaminado nuestros alimentos. Desde Estados Unidos se importan anualmente cientos de toneladas de alimentos (soja, cacahuetes, salsas, concentrados, etc.) que son consumidos en toda Europa, incluido, por supuesto, nuestro país. Sin afirmar que deba desconfiarse de todo producto proveniente de Estados Unidos, sí debe tenerse en cuenta que, pese a su gran extensión, éste es el país, junto con la ex Unión Soviética, más contaminado nuclearmente del mundo.

Por último, no podemos olvidar la cuestión de los productos marinos. Las aguas de nuestros océanos no se libran de los estragos de las pruebas submarinas,* los vertidos ilegales y la lluvia radiactiva. Desgraciadamente, y pese a las buenas cualidades nutritivas del pescado (proteínas bajas en purinas, ácidos grasos beneficiosos, etc.), no podemos estar seguros de que nuestros peces estén exentos de contaminación radiactiva, especialmente aquellos que son capturados en las aguas nórdicas, como el bacalao.

Nuestra atmósfera

A través de la atmósfera sufrimos un constante bombardeo radiactivo. Además de la contaminación nuclear provocada por el hombre, nuestra estratosfera, seriamente dañada en su capa de ozono, deja pasar en la actualidad una cantidad excesiva de rayos ultravioleta (véase el capítulo «El sol, ¿amigo o enemigo?»). Esta parte del espectro solar emite radiaciones seriamente perjudiciales para el organismo, particularmente para la piel, los ojos y el propio sistema inmunológico (linfocitos). De igual forma, el resto de animales y plantas de la Tierra sufren de una u otra manera el exceso de rayos ultravioleta. Tristemente, de nuevo ha sido el ser humano el responsable de que la radiación procedente del sol esté comenzando a causarnos serios problemas de salud cuando debería ser muy al contrario.

Otro contaminante radiactivo de nuestro aire es el peligroso gas radón. Este isótopo radiactivo se produce de modo natural en algunas cuevas y lugares subterráneos; de forma parecida a estas grutas parecen actuar los recintos cerrados, de manera que dentro de nuestras casas puede acumularse gas radón si las habitaciones permanecen sin ventilar durante un período prolongado de tiempo (se calcula que comienza a almacenarse el radón a partir de las siete horas sin ventilación). Aunque no se puede

* Pese a que los Gobiernos, máxime el francés especialista en todo tipo de ensayos atómicos, insisten en afirmar la inocuidad de las pruebas nucleares subterráneas (hay muchas personas que no comprenden cómo, si son tan inofensivas, dichas pruebas no fueron realizadas, por ejemplo, en la costa de Biarritz), esto no es en absoluto cierto: las fugas por grietas son constantes y ya se encuentran demostradas y tipificadas.

calcular la cantidad en rems o milirrems que una persona puede absorber a través de la permanencia en un lugar con presencia de radón, trabajando en lugares cerrados, minas, cuartos sin ventanas, etc., sí puede estimarse que la exposición diaria durante un año a una cantidad media de radón equivale, al menos, a la radiación sufrida a través de cinco radiografías.

El agua, ¿potable?

El agua que nos abastece procede de los acuíferos de la zona en la que residimos. Para que esta agua se conserve en los grandes depósitos de nuestras ciudades sin pudrirse, es decir, para conservarla «potable», se le adicionan ciertos desinfectantes (compuestos clorados, fundamentalmente) de indudables efectos sobre la proliferación de organismos, aunque de pésimas consecuencias sobre nuestra salud. Sin embargo, no existe producto químico capaz de preservar el agua de la radiactividad: vertidos incontrolados de residuos radiactivos y depósitos en bidones que no reúnen la seguridad que debieran, así como la presencia de radón en las aguas que atraviesan formaciones geológicas abundantes en este elemento, son los motivos más importantes de la posible contaminación radiactiva del agua.

Afortunadamente, en nuestro país aún se puede disfrutar de agua relativamente fresca y sana procedente de manantiales no contaminados. Si podremos o no decir lo mismo en el futuro, cuando las filtraciones y los intercambios entre acuíferos dentro del circuito cerrado que es la Tierra hayan entremezclado sus aguas, eso es un atemorizador interrogante.

Proximidad a centrales nucleares

El vivir en las cercanías de una central nuclear es siempre un peligro. Aunque España lleva varios años manteniendo una política de no proliferación de centrales nucleares e incluso de desmantelamiento (por ello en nuestros recibos de la luz nos recargan un pequeño tanto por ciento, y bienvenido sea), aún permanecen varias centrales en activo construidas con tecnología de hace cuarenta años. Esto no significa que estemos libres de peligro: el incendio de la central de Vandellós I en 1989 fue calificada por expertos internacionales como «gravísimo» y «el más catastrófico después de Chernobyl». Increíblemente, el Gobierno de entonces (presidido por Felipe González) guardó un absoluto e irresponsable silencio. ¿Estamos los españoles seriamente contaminados radiactivamente? Sirvan como ejemplo algunos datos extraídos de los propios informes del Ministerio de Medio Ambiente sobre algunos incidentes en torno a nuestras centrales nucleares en un año ciertamente nefasto, 1989:

Abril de 1989. Se levanta la polémica sobre el cierre de la central nuclear de Santa María de Garoña: se trata de la central más antigua de España (1971), con instalaciones obsoletas y depósitos de residuos radiactivos llenos al 90%. Además, los ecologistas denuncian repetidos vertidos radiactivos al medio ambiente; las aguas del río Ebro sufren una grave contaminación.

Mayo de 1989. Se instalan en el cementerio nuclear de El Cabril (Córdoba) 42 bidones radiactivos. Se teme por la seguridad a medio/largo plazo de los residentes en la zona.

Octubre de 1989. La central nuclear de Vandellós I sufre un incendio debido a la fuga del hidrógeno de refrigeración. El OIEA (Organismo Internacional de Energía Atómica) califica el suceso como «el más grave desde Chernobyl». La callada por respuesta es la actitud de las autoridades españolas ante el desastre.

Noviembre de 1989. En Tarragona se manifiestan 10.000 personas procedentes de la localidad de L'Ametlla, pueblo situado a 9 kilómetros de Vandellós. Afirman que «el pueblo está amenazado de muerte». Días después son interpuestas dos querellas criminales contra el director de dicha central nuclear.

Diciembre de 1989. El Ministerio de Industria y Energía destina más de 2.000 millones de pesetas para indemnizar a los habitantes de los municipios cercanos a las centrales nucleares. El criterio utilizado es la cantidad de uranio radiactivo vertido durante un año en cada una de las centrales de energía nuclear. Desde luego, si un ministerio obsequia esas cantidades de dinero, no cabe duda de que «por algo será»...

Además de todos estos tremendos hechos, el funcionamiento de una planta de energía nuclear implica la producción de residuos propios de la transformación y la manipulación de materiales radiactivos. Estos desperdicios están compuestos por residuos de alto nivel (sustancias de reproceso, varillas agotadas de combustible nuclear, etc.) y residuos de bajo nivel. Estos últimos son los más peligrosos ya que, por considerarse poco radiactivos, su almacenamiento es tratado de forma menos rigurosa; sin embargo, la gran cantidad de residuos de bajo nivel producidos hace que, por una sencilla operación de suma, la cantidad de rems potenciales que pueden filtrarse al medio ambiente sea lo suficientemente preocupante.

Aunque en ningún caso se pueden extrapolar los datos, sí será interesante conocer los estudios realizados en la última década en Estados Unidos. por los que parece demostrado que la radiación considerada de bajo nivel emitida durante el funcionamiento normal de las plantas nucleares, provoca a medio plazo un incremento en los porcentajes de tumores y leucemias entre los habitantes de las poblaciones cercanas a las centrales.

Más grave es la situación de los trabajadores de las plantas de energía nuclear. Aun en aquellos expuestos a cantidades de radiactividad menores que 5 rem anuales, según estadísticas extraídas de la casuística estadounidense, las tasas de enfermedad por tumores superan con mucho los índices medios de la población (aproximadamente el doble, y hasta el triple en leucemia). Felizmente, España es uno de los países con menos trabajadores en centrales nucleares de toda Europa.

Rayos X

Si hay una fuente de radiactividad prácticamente omnipresente en nuestra sociedad, a la que no se le presta atención y que sin embargo constituye un grave peligro para la población, ésta es la exposición a los rayos X.

Cuando G. C. Roentgen recibió el Nobel de Física por sus trabajos con los rayos que dio en llamar «X» (Roentgen no llegó a descubrir el origen de esta nueva fuente energética), nadie podría imaginar la extraordinaria expansión que años después tendrían los rayos X en la sociedad a través de la medicina diagnóstica. En los años setenta, y aun a sabiendas del perjuicio que la radiactividad suponía para la salud humana, se radiografiaba rutinariamente de manera anual a escolares, soldados y personal al servicio de grandes empresas, con la falsa idea de que una radiografía aseguraba el conocimiento exacto de la salud del individuo. Todavía hoy en día los medios diagnósticos por rayos X son, con mucho y fundamentalmente debido a su bajo coste, los más utilizados en medicina: odontología, medicina interna, osteopatía, neurología, etc., basan sus estudios en las placas radiográficas. Pero ¿son los rayos X realmente seguros?

La primera premisa que deberemos tener en cuenta es que la radiación emitida por los rayos X es similar a la producida por la energía nuclear. Conocidas como radiaciones ionizantes, todas estas emisiones se caracterizan por afectar a las células vivas de los organismos dañando su material genético. Como hemos visto al hablar de los perjuicios de la exposición a la radiactividad procedente de la energía nuclear, al sufrir una dosis (¡o varias!) de los rayos X, las estructuras celulares de los tejidos expuestos corren el riesgo de presentar los denominados «cromosomas discéntricos», es decir, trozos de ADN cuya estructura no se corresponde a la normal. Éste es el inicio de cualquier proceso tumoral.

¿Dosis «segura»?

Cualquier exposición a los rayos X puede ser causa de un *shock* celular capaz de provocar una mutación en el ADN. No es posible establecer un máximo o un mínimo en rems o sieverts que nos garantice una inocuidad. Sin embargo, cuanta mayor sea la radiación recibida, más probabilidades existen de daños para la salud.

Hemos comentado la cifra de 5 rem como un tope establecido por las autoridades para los trabajadores o particulares que deban estar en contacto más o menos estrecho con la radiactividad. Este máximo supera con mucho lo deseable y comienzan a barajarse entre los especialistas sanitarios cantidades de «seguridad» bastante más pequeñas, como las que a continuación me parece interesante detallarles:

Dosis máximas de radiación anual permitidas

Ojos, mucosas	1,5 rem
Tejidos individuales (manos, pies, órganos, etc.)	5 rem
Piel	5 rem
Totalidad del cuerpo (exposición íntegra)	0,5 rem

Estas cifras, no obstante, no tienen en cuenta la especial sensibilidad que algunos grupos de población presentan frente a la exposición radiactiva, como los ancianos o los mismos niños.

El diagnóstico por rayos X supone en demasiados casos superar el máximo permitido. Veamos por ejemplo cómo, para una persona de tamaño y peso medios, una placa radiográfica de los órganos internos (riñones, estómago, corazón, etc.) implica una dosis de entre 0,13 y 1,3 rems; del cerebro o cráneo, 0,4 rems; dental, 0,25 rems; de la columna vertebral, 1 rem, y una mamografía, 4 rems. Si a esto sumamos el hecho de que, frecuentemente, en cada exploración somos sometidos a más de una radiografía (recuerdo con muy poco sosiego cuando, siendo poco más que una adolescente, me realizaron en una consulta privada ¡once placas del sistema gastrointestinal!), veremos que nada más fácil que superar la cifra tope.

Un riesgo adicional al que nos exponemos casi la mitad de la población de nuestro país de manera anual son las radiografías dentales, utilizadas a discreción a fin de localizar caries o en simples revisiones. Aunque su intensidad no suele superar los 0,2 rems por placa, la incidencia del rayo sobre la glándula tiroides supone un grave peligro de daño en ella. Si usted padece con frecuencia caries y debe visitar a su dentista todos los años, sepa que la nueva legislación contempla la conveniencia de que el paciente esté protegido con un collarín de plomo durante la exposición.

Además de todo esto, deberemos tener en cuenta que la gran mayoría de los centros de radiodiagnóstico no cumplen la normativa vigente: muchos han sido instalados en los años setenta, cuando aún no se era totalmente consciente de las graves consecuencias para la salud de la exposición a la radiación y la legislación era muy deficiente, y otros (casi todos) datan de antes de 1994, fecha de la entrada real en vigor de las nuevas leyes sobre el control de las instalaciones radiológicas. Aunque puede parecer en principio poco relevante, la diferencia entre realizarse una radiografía en un centro moderno y hacerlo en uno donde los aparatos han sido instalados hace veinte años puede contarse no ya en milirrems o en milisieverts, sino en completos rems.

Medidas de autodefensa

Puede que a estas alturas usted se halle absolutamente abatido e incluso desesperado. Realmente la situación mundial, de la que nuestro país no se escapa, es preocupante. Sin embargo, aún podemos hacer algo para protegernos de la contaminación radiactiva que sufrimos y minimizar los daños que ésta puede causar en nuestra salud. Algunas sustancias, así como algunas actitudes, son capaces de ampararnos y reducir los estragos de este insidioso tipo de polución.

Vamos a ver, sin más dilación, algunas de las medidas más importantes a tomar para combatir los efectos perniciosos de la contaminación radiactiva.

Evitemos los factores de riesgo

Consejos para reducir la absorción radiactiva

1. Limite su consumo de alimentos importados de países con un alto nivel de contaminación nuclear. Éstos son fundamentalmente los nórdicos y los ex pertenecientes a la antigua Unión Soviética. Entre los productos más exportados figuran los lácteos y sus derivados.
2. Beba agua mineral de baja mineralización (de venta en cualquier supermercado). El agua que brota de su grifo contiene sustancias nocivas y nadie le asegura que esté exenta de radiactividad residual.

3. Ventile el recinto donde trabaja o pase su tiempo. A partir de las siete horas cerrada, una habitación comienza a acumular importantes cantidades de radón, gas radiactivo que usted inhalará de no tomar la precaución de abrir las ventanas unos minutos cada, al menos, cuatro o cinco horas.
4. Ventile su cuarto de baño antes de ducharse. El agua de la ducha, por su temperatura y el sistema de chorro, desprende radón que es respirado con extrema facilidad. Minimizaremos los riesgos si mantenemos aireado el baño y no dirigimos el chorro directamente al rostro.
5. Tome precauciones sobre los pararrayos radiactivos. Consulte con su comunidad de vecinos e intente que en su tejado no sea instalado uno de estos pararrayos.
6. Extreme los cuidados con las exposiciones al sol. Los rayos ultravioleta son una importante fuente de radiaciones nocivas (véase el capítulo «El sol, ¿amigo o enemigo?»).
7. Procure que su vivienda no se encuentre cercana a una central nuclear. En ocasiones es preferible un pequeño «trastorno» por cambio de domicilio que no la continua exposición a dosis pequeñas pero muy peligrosas de radiactividad.
8. Atención a los rayos X. Para su seguridad, tenga siempre en cuenta que:
   A. Debe llevar un control sobre la cantidad de placas radiográficas realizadas en el año. En ningún caso deberá superar las dosis máximas anuales recomendadas.
   B. Los centros dotados de maquinaria moderna son mucho más fiables que los antiguos.
   C. Puede y debe exigir un collarín de plomo cuando se someta a una radiografía dental. Si su estomatólogo carece de él o se resiste a utilizarlo, tal vez sería la ocasión de cambiar de especialista.
   D. No tenga reparo en preguntar a su médico si la/s radiografía/s que le indica es/son absolutamente necesaria/s. Sepa que existen en la actualidad medios diagnósticos muy fiables (desde luego, más que las radiografías) como las ecografías, las resonancias magnéticas, etc., que en ocasiones no son utilizadas por su mayor coste para la Seguridad Social. Sin embargo, usted está pagando men-

sualmente para recibir la mejor atención médica: exija plena seguridad para su salud.

E. Mucho cuidado con las mamografías. Suponen un peligro excesivo y un posible «peor el remedio que la enfermedad». A partir de los 30 años es recomendable que opte por la autoexploración, o la exploración de su ginecólogo.

Principales sustancias protectoras

ÁCIDO FÓLICO. El ácido fólico se revela como una de las más importantes sustancias protectoras frente a los perjuicios de la radiactividad. Presente en gran cantidad en las verduras de hoja (lechuga, col, escarola, acelga, etc.), es capaz de prevenir el riesgo de defectos congénitos en los embarazos. Weaver, prestigioso genetista estadounidense, ha demostrado que un consumo por parte de la madre de 0,3 a 0,5 miligramos de este ácido, protege el feto de malformaciones que en la actualidad afectan a entre 3 y 5 de cada 100 recién nacidos.

Del mismo modo que ampara al futuro bebé, el ácido fólico nos preserva a nosotros mismos de daños en nuestro código genético. Consumamos, pues, abundantes ensaladas con variedad de verduras entre las que no debe faltar nunca la lechuga.

VITAMINA F. Esta vitamina compuesta por ácidos grasos esenciales para el organismo ejerce un efecto altamente protector sobre la membrana celular. Esta propiedad nos permite una importante defensa frente a las alteraciones de los genomas internos provocadas por la contaminación radiactiva.

Una parte importante de la población sufre graves carencias de vitamina F, ya que ésta se encuentra en alimentos muy determinados y de escaso consumo en la actualidad, como los aceites vírgenes de primera prensada en frío y los frutos secos crudos (ojo: al tostarlos pierden su contenido en esta vitamina). Por ello será sumamente importante tomar al menos dos cucharaditas diarias de aceite de estas características añadido a sopas, caldos o a cualquier plato templado, y sumar a nuestra dieta varias porciones semanales de frutos secos crudos (nueces, almendras, avellanas, etc.).

VITAMINAS ANTIOXIDANTES. Las vitaminas antioxidantes por excelencia (A, C y E) se revelan como excelentes defensoras de nuestro sistema inmunológico, uno de los que más sufren por la radiación.

Recordemos que la vitamina A ha sido considerada como un protector antitumoral, y se encuentra en abundancia en alimentos como las zanahorias (provitamina A), tomates, pimientos rojos, rabanitos y vísceras animales.

La vitamina C, también antioxidante de primer orden, podemos hallarla en las frutas ácidas y verduras y hortalizas crudas.

La vitamina E, por último, además de ser un buen antioxidante y defender la célula, estimula nuestro aparato reproductor y favorece la producción y calidad ovular y espermatozoica, algo de vital importancia en nuestros días.

5. El sol, ¿amigo o enemigo?

Esa luminosa bola de luz que cada verano nos hace quedar dócilmente relajados bajo sus cálidos rayos mientras escuchamos como una música bucólica el batir del mar o el rumor de las hojas de un árbol, no deja de ser una estrella en plena actividad termonuclear que alcanza en su superficie (fotosfera) alrededor de unos 6.000 °C y lanza al espacio radiaciones que van desde los rayos gamma a las mismas ondas de radio, pasando por los rayos X, violeta, ultravioleta, infrarrojos, microondas y por fin los rayos visibles, aquellos capaces de ser captados por nuestra retina. Sin la existencia del Sol, la Tierra sería un planeta helado y muerto; si, por el contrario, nuestra distancia con respecto al Sol disminuyese o la capa atmosférica que filtra todo este amplio espectro de radiaciones desapareciese o sufriese un grave daño, nuestro planeta azul pronto se convertiría en un árido desierto expuesto a temperaturas insoportables para la subsistencia de cualquier organismo. El sol puede ser nuestro amigo o nuestro enemigo, nuestra vida o nuestra muerte. Pero ¿de qué depende que esta relación sea benéfica o no para el ser humano?

El equilibrio roto espectro solar/atmósfera terrestre

Las condiciones de vida en la Tierra han sido casi perfectas durante siglos y siglos hasta la manipulación de la naturaleza por el hombre tras la revolución industrial. Del mismo modo, el equilibrio entre las radiaciones procedentes del Sol y el filtrado de nuestra atmósfera ha servido para mantener la vida sobre la Tierra durante millones de años. Sin embargo, y en unas pocas décadas, el hombre ha conseguido trastocar esta armoniosa estabilidad aparentemente indestructible. ¿Cuál de nuestros abuelos hubiera llegado a soñar la pesadilla de poder llegar a las más altas capas del cielo azul que veían cada día y cambiar allí la composición de la atmósfera? Esto es lo que está ocurriendo en la actualidad con la progresiva destrucción de la capa de ozono, un delicado manto de gas que deberíamos tratar con igual mimo que si fuera la niña de nuestros ojos, y esto, lamentablemente, no es un simple juego de palabras.

El espectro solar que llega a la Tierra está compuesto aproximadamente de un 50% de radiaciones de onda larga (entre 750 y 3.000 nm), también llamadas rayos infrarrojos, que el ser humano no puede ver y que proporcionan a la Tierra el calor necesario para el sostenimiento de la vida; un 47,5% de radiaciones de onda media (de 400 a 750 nm), que es el espectro de luz visible y contiene los que todos conocemos por «colores del arco iris» según su vibración y su reflejo en uno u otro cuerpo, y son las encargadas de que los seres vivos veamos y la Tierra no sea un planeta de seres ciegos, y por último, un 2,5% de radiaciones de onda corta (entre 100 y 400 nm), llamadas también rayos ultravioleta o UV, divididos según su longitud de onda en UV-C, UV-B y UV-A. Estos últimos son los que comienzan a plantear serios problemas.

En perfecto estado, la atmósfera terrestre está dotada de una capa uniforme de un gas invisible llamado ozono. El ozono absorbe la práctica totalidad del espectro solar ultravioleta, comenzando por los de onda más corta, los rayos UV-C, de modo que éstos no llegan a nuestra biosfera. Sería necesaria una destrucción casi total (superior al 90%) de la capa de ozono para que este tipo de radiaciones pudiera alcanzarnos. Los siguientes son los UV-B, también captados por el ozono que no deja pasar al interior de nuestra atmósfera más que una pequeña cantidad de ellos. Por último están los rayos UV-A, que alcanzan nuestro suelo sin que en ello tenga prácticamente ninguna intervención el ozono. Como vemos, dentro de ese pequeño 2,5% que representa el espectro ultravioleta hay distintos patrones de comportamiento de los rayos, según su longitud, y una atmósfera equilibrada nos permitiría pasearnos en camiseta bajo los rigores del verano o tomar el sol en la playa sin más protección que la de la simple prudencia. Hace cinco décadas, nadie sufría eritemas ni quemaduras si no era a costa de ignorar los sabios avisos de los rayos infrarrojos y, por tanto, soportar el calor hasta extremos realmente excesivos: todo estaba previsto para la seguridad de hombres, plantas y animales.

La destrucción del ozono

Hace unos 4.000 millones de años, y para desgracia de las pocas formas de vida primitiva que podían habitar nuestro planeta, la Tierra tenía una atmósfera muy distinta y mucho menos acogedora que en la actualidad: vapor de agua, dióxido de azufre, nitrógeno, dióxido de carbono y algunas trazas de otros gases realmente poco respirables. No ha sido sino hasta hace aproximadamente unos 100 millones de años cuando nuestro globo comenzó a desarrollar una biosfera favorable para el origen y crecimiento de las distintas formas de vida, así como una curiosa cobertura de gas en las capas altas de la atmósfera, producida a partir de la creación de una atmósfera rica en oxígeno gracias a la respiración de las plantas.

Una molécula de ozono contiene tres átomos de oxígeno unidos en triángulo (O_3), frente al propio oxígeno, que tiene solamente dos átomos (O_2). Cuando una molécula de oxígeno es bombardeada en la estratosfera por los rayos ultravioleta UV-C procedentes del Sol, aquélla se disocia en sus dos átomos, que quedan libres y listos para unirse a otro átomo de oxígeno y formar el preciado ozono. En realidad, para los organismos vivos el ozono es un veneno absolutamente irrespirable. Por fortuna, y debido a que reacciona fácilmente con otras sustancias presentes cerca de la superficie terrestre, el ozono existe sólo en las capas altas de la atmósfera, y desde allí es desde donde nos regala sus efectos beneficiosos absorbiendo buena parte de las radiaciones ultravioleta más peligrosas.

Sin embargo, el ozono no es un gas inmutable sino que del mismo modo que puede crearse, se destruye. Una de las causas naturales de la destrucción de las moléculas de ozono es el bombardeo de los rayos UV-B; estos rayos son incapaces de romper las moléculas de oxígeno pero sí pueden disociar las de ozono debido a que los enlaces de éste son más débiles. En otras ocasiones el ozono se quiebra al chocar contra un átomo de oxígeno libre, dando lugar entonces a dos moléculas de oxígeno ($O_3 + O_1 = 2\ O_2$). Pero esta creación/destrucción natural ha venido produciéndose desde hace millones de años sin que el manto de ozono haya sufrido variaciones apreciables, ya que existía un equilibrio entre la combinación y separación de los átomos. Ahora las cosas son bastante distintas.

Para nuestra desgracia, las moléculas de ozono presentan una importante tendencia a reaccionar con otras moléculas y perder su tercer átomo transformándose en oxígeno. Como vimos, este fenómeno permite que el ozono no se acumule en las zonas bajas de la atmósfera convirtiéndose en un potente tóxico para los organismos vivos, y por contra sí permanezca en las capas altas, mucho más puras en oxígeno y libres de otros gases. Ahora bien, cuando el hombre comenzó a surcar los cielos adentrándose por las capas bajas en la estratosfera con los aviones supersónicos, la misma vulnerabilidad que permitía al ozono autodestruirse dentro de la biosfera se convirtió en un arma de doble filo: los gases emitidos por los reactores de estos aviones dejaban una estela de moléculas extrañas en la estratosfera, con las que el ozono reaccionaba dividiéndose y produciendo oxígeno. Desde el óxido nitroso de los potentes reactores Concorde al inofensivo vapor de agua de los tubos de escape de algunos aviones, todos estos compuestos ajenos a las capas altas de la atmósfera colisionaban con el ozono eliminándolo.

No mucho más tarde, en 1973, James Lovelock, investigador en el Instituto Nacional Británico de Investigaciones Médicas primero, y científico independiente después, tras dos años de investigaciones en la Antártida, publicó un hallazgo terrible: los clorofluorocarbonos invadían la atmósfera terrestre formando un terrible agujero en la capa de ozono.

Los compuestos clorofluorocarbonados (CFC) no son un invento moderno: fueron creados en 1928 por un químico de la compañía General Motors que descubrió en ellos unos excelentes refrigerantes no inflamables y aparentemente no tóxicos. A partir de ese momento, los CFC fueron una panacea para la industria: frigoríficos, aparatos de aire acondicionado, disolventes industriales, e incluso propulsores para mil y un *sprays* (insecticidas, lacas para el pelo, desodorantes, ambientadores, desengrasantes, etc.). Solamente en la década de los años sesenta se utilizaron cerca de 400.000 millones de botes de *sprays* en Estados Unidos y Europa.

Los clorofluorocarbonados representaban (y representan, aunque afortunadamente su producción a nivel mundial ha sido reducida en un importante tanto por ciento) un daño muy severo para el ozono. Los CFC se descomponen en la estratosfera por la potente acción de los rayos ultravioleta disociándose en átomos de cloro libres. Estos átomos de cloro atacan directamente al oxígeno, partiéndolo en átomos también libres. El mayor problema comienza cuando estos átomos de oxígeno sueltos reaccionan con el compuesto clorado que se produce en la interacción entre el cloro y el ozono, formando una nueva molécula de oxígeno (O_2) y un átomo de cloro libre. O lo que es lo mismo: los CFC hacen que un solo átomo de cloro destruya una molécula de ozono, «autorreciclándose» una y otra vez siempre dispuesto a devorar el ozono con que tropiece. De esta manera, cada átomo de cloro en la estratosfera es capaz de aniquilar unas 100.000 moléculas de ozono antes de desaparecer, ya que la vida activa del cloro en la atmósfera es de nada menos que ¡cien años! Esto nos da una idea del potencial destructivo del cloro y por lo tanto de sus derivados CFC, y de sus prolongados efectos sobre la capa de ozono: cada bote de propelente lanzado a la atmósfera permanecerá allí engullendo sin cesar moléculas de ozono hasta un siglo después de haber apretado el botón.

Como parece corresponder a la naturaleza humana y a su historia, el hombre muestra una especial ceguera en cuanto a su propia vida y la de sus hijos cuando la cuestión monetaria anda por el medio. Un ejemplo de ello ha sido la débil y vacilante declaración de Helsinki de 1989 sobre la protección de la capa de ozono, quince años después de haberse demostrado fehacientemente el terrible daño que los CFC estaban y están causando a nuestro inestimable manto de gas.

Dónde se esconde el enemigo

Como hemos visto, buena parte de los agentes destructores del ozono son los CFC. Aunque prácticamente desaparecidos de la composición de nuestros botes de *spray*, todavía hay marcas importadas de países orientales y que se caracterizan por su bajo precio en el mercado, que contienen subproductos clorofluorocarbonados. Éstos deben rechazarse categóricamente y es una responsabilidad de todos el que el consumidor los ignore y no sean comprados en ningún caso y bajo ningún concepto.

En el momento presente, sin embargo, los CFC todavía siguen siendo de uso frecuente en frigoríficos, congeladores y aparatos de aire acondicionado. Estos refrigerantes permanecen en su mayor parte (pese a las fugas que pueden significar hasta una cuarta parte del total) dentro de dichos electrodomésticos durante los años de uso, pero una vez desechados, los CFC son liberados a la atmósfera contribuyendo de nuevo a la destrucción de la capa de ozono. Cada vez que adquirimos una nevera nueva y enviamos la otra al vertedero, estamos contaminando gravemente el medio ambiente, y sin embargo no es el consumidor el que debe cargar con esta responsabilidad sino los Estados, a los cuales pagamos nuestros considerables impuestos y los encargados de velar por nuestra salud y por el medio que nos rodea.

Pero esto no es todo: también está la producción de espuma plástica, aislantes de espuma, disolventes para limpieza en seco y de piezas y material delicado como el electrónico, e incluso usos tan peregrinos como la esterilización de equipos médicos (¿para qué existirá el alcohol o las temperaturas superiores a la ebullición?) o los usos militares, estos últimos no declarados ni explicados por nuestros mandatarios.

Como vemos, los CFC están más extendidos de lo que en un principio podría parecer, y esto es verdaderamente grave.

Cómo echarle una mano a nuestro ozono

Aunque la obligación de sustituir los CFC por otros agentes no destructores de la capa de ozono (reciclados, HFC, congeladores con refrigeración de agua o propano, etc.) es de nuestros gobernantes, todos nosotros podemos hacer algo para contribuir a que el manto de ozono que nos cubre a nosotros y que deberá cubrir a las próximas generaciones continúe en el mejor estado posible.

Lea atentamente las recomendaciones que voy a ofrecerle a continuación y contribuyamos todos un poco a preservar este valioso gas:

No compre jamás *sprays* con CFC. Estos productos deben llevar siempre la inscripción «libres de CFC». Algunos añaden: «preserva la capa de ozono» o «amigo del ozono», junto con un dibujito que simboliza la Tierra con una mano abierta en su parte superior.

Rehúya los envases de polietileno. Se trata de las famosas cajitas de espuma plástica para hamburguesas, o los envases de embalaje de espuma blanca. Suelen contener CFC y en su producción ha sido liberada buena parte de estos clorofluorocarbonados a la atmósfera.

No dude en preguntar en su hamburguesería (o dirigirse por carta a las oficinas de estas compañías) por la composición de dichos envases: tienen la obligación de ofrecerle una información completa al respecto, y si no lo hacen, sospeche que se trata de paquetes con CFC. A las empresas les interesa tener contentos a sus clientes, y la suma de varias cartas interesándose por ello tal vez logre que comiencen a meditar sobre el tema.

Atención a su aire acondicionado. Tanto si se trata del de su coche como del de su casa, cuando deba ser reparado o sustituido, exija que el contenedor del refrigerante (ahí están los CFC) sea vertido en un recipiente hermético en lugar de dejar que escape a la atmósfera. Los técnicos sabrán dónde reciclarlo, o al menos deberían saberlo.

Cuidado con los extintores. Mire que contengan la inscripción ecológica correspondiente, o al menos lea su composición y rechace aquellos con gas Halon, uno de los que destruyen la capa de ozono. Muchas marcas fabrican ya sus extintores sin este peligroso gas.

No tire sin más su refrigerador. Acuda a su ayuntamiento, al Ministerio de Medio Ambiente o a alguna asociación ecológica de su provincia, a fin de que le asesoren sobre cómo lograr reciclar el refrigerante de su vieja nevera antes de deshacerse de ella. Su obligación es informarle sobre ello.

Además, si usted va a adquirir próximamente un nuevo refrigerador, sepa que ya existen en el mercado neveras y congeladores que no utilizan CFC en su sistema de refrigerado. Observe su etiquetado y mire que lleve como distintivo el símbolo aprobado por la Unión Europea (una flor cuyos doce pétalos son las doce estrellas de Europa), o al menos que presente un arbolillo en cuyo interior figure la inscripción «0% de CFC».

Ojo con los limpiadores en seco. Tanto los que pueda usted utilizar en su casa (alfombras, tapicerías, etc.) como los que emplean en algunas tintorerías contienen grandes cantidades de propelente CFC. Rechace tales productos e infórmese en su establecimiento de limpieza en seco. Insisto en que aquel que no emplee estos disolventes le informará con gusto, mientras que la actitud contraria suele significar que sí utilizan estos productos, además de darnos una idea de la ignorancia e irresponsabilidad de estos empresarios.

El filtro de la vida

¿Es posible la vida sin la presencia de ozono? Esta pregunta tiene una fácil respuesta: NO.

Como hemos visto anteriormente, el ozono es el máximo responsable de que los rayos UV-B lleguen hasta nosotros en una cantidad tolerable. Por su parte, el espectro ultravioleta correspondiente a los rayos solares UV-B guarda una relación directa con la aparición de lesiones cutáneas, desde la simple quemadura solar hasta el cáncer de piel. Del mismo modo, los UV-B son los responsables de la aparición de lesiones oculares graves en animales, o personas que utilizan gafas de sol poco contrastadas y sin filtros eficaces.

En los albores del siglo XXI, el problema del ozono ya no es preocupante: es trascendental para la continuidad de la vida en nuestro maltratado planeta. Los rayos UV-B llegan hasta nosotros con toda impunidad, con el agravante de que este espectro no produce calor (recordemos que de la sensación calorífica se encargaban los infrarrojos) y cuando estamos en la playa, en la montaña, o sencillamente paseando en camiseta bajo el sol de un día de verano, no nos percatamos de la presencia de estos rayos.

En la actualidad, el adelgazamiento de la capa de ozono está afectando a la mayor parte de los países del mundo: en Australia las autoridades previenen seriamente a la población sobre la exposición, incluso breve, al sol; en Europa los casos de cáncer de piel aumentan de manera alarmante, y España ocupa el primer lugar en potencial cancerígeno debido al alto número de horas de sol diarias del que disfrutamos en la mayor parte de nuestro Estado. Países como China, Japón y la ex Unión Soviética registraron en 1990 reducciones de hasta un 8% de ozono durante el invierno. En 1992 la Organización Metereológica Mundial detectó un 12% de pérdida sobre el norte de Europa y Canadá. En la Antártida el agujero de ozono es prácticamente total (hasta un 95% de pérdida), y preocupantes mediciones se han llevado a cabo en los últimos años en el círculo polar Ártico, donde se registraron disminuciones de un 20% de ozono. La EPA (Agencia Protectora del Medio Ambiente) ha dado un serio aviso: una reducción del 50% de la capa de ozono durante el próximo milenio causaría más de 150 millones de casos de cáncer de piel en el mundo, millones de desarrollos de cataratas, así como de deficiencias en el sistema inmunológico humano que podrían llevar, literalmente, a la muerte y extinción de más de las tres cuartas partes de la población humana en el globo. No entraremos aquí en las consecuencias que sobre el clima global de la Tierra tendría esta destrucción progresiva del manto de ozono, que sería otro tema ciertamente serio para tratar.

¿Son tan nocivos los rayos ultravioleta?

Cuando nos exponemos al sol, la piel reacciona de inmediato comenzando un proceso de defensa que nosotros damos en llamar bronceado. El «ponerse moreno» no es más que un contraataque de nuestra epidermis a la acción de los rayos ultravioleta, contraataque pensado para concentraciones de ozono bastante superiores a las que existen en la actualidad.

Quien más o quien menos de ustedes, apreciados lectores, habrá sufrido en los últimos años las consecuencias de esta disminución de la capa de ozono en forma de enrojecimientos o quemaduras (espero que no en nada más grave). Si mi propia experiencia pudiera servirles de ilustración, les contaría cómo allá por la década de los ochenta y contando yo unos veinte años de edad, decidí un buen día no volver a pisar una playa si no era con gorra, camiseta y una buena crema solar, cuando tras un breve adormecimiento de domingo y de no más de 30 o 40 minutos sobre la arena (permítanme una recomendación: si se divierten los sábados hasta bien entrada la noche, no madruguen y se tumben al sol a la mañana siguiente), volví a casa y me miré al espejo: mi cara era lo más parecido a un volcán en erupción de lava que hubiera visto jamás. Algunos geles y *after sun* pudieron recomponerme en unos días, pero recuerdo mi sorpresa y mi comentario con todo el mundo respecto a «qué demonios había pasado con el sol». La misma exposición que años atrás, siendo una niña, sólo me hubiera causado un leve enrojecimiento, esta vez me había provocado una quemadura tan incómoda como sorprendente. Pocos años después comencé a oír hablar seriamente del adelgazamiento de la capa de ozono.

Efectivamente, nuestra atmósfera ya no nos ofrece la misma protección que hace unos años frente a los rayos ultravioleta. La melanina que se forma en la hipodermis al recibir estos rayos tarda al menos tres días en transferirse a las capas exteriores de la epidermis, y son éstos los días en que somos más propicios a los eritemas y quemaduras solares. Otra defensa natural de la piel es la formación de células epiteliales queratinosas para crear un manto de mayor grosor sobre la piel; sin embargo, esta piel no es más que una acumulación de células muertas en su superficie, es decir, se trata de una protección lograda a cambio de aniquilar miles de células y apilarlas en la capa más externa de la piel.

La exposición prolongada al sol constituye una agresión, grave en ocasiones, y los causantes de ella son fundamentalmente los rayos ultravioleta del grupo B.

Los rayos UV-B

Este tipo de radiaciones solares son captadas en buena parte por el ozono en las capas más bajas de la estratosfera, es decir, el ozono tiene un papel clave con respecto a la cantidad de UV-B que atraviesa nuestra biosfera y llega hasta nosotros. Cuando la capa de ozono tenía el espesor correcto, solamente incidía sobre nuestro suelo una fracción de ellos, y éstos eran (y son) los únicos capaces de desarrollar la melanina en la piel. En la actualidad nos alcanza una proporción desmesuradamente alta de UV-B, y aquí es donde comienzan los verdaderos problemas.

Los rayos UV-B penetran en nuestra piel hasta atravesar la epidermis. Cuando la cantidad de UV-B es excesiva, nuestro ADN puede dañarse con facilidad. Estas espirales portadoras del código genético y responsables de que sus células se reproduzcan con idéntica estructura unas a otras, son muy sensibles a las radiaciones y las UV-B parecen «volverlas locas» del mismo modo que lo hace la radiación de tipo nuclear, los rayos X o las emisiones electromagnéticas de gran potencia. Pensemos que un daño en las hélices en una de sus células orgánicas de ADN puede multiplicarse por mil en cuestión de días, meses o años (otro de los terrores de este peligro es que las lesiones son acumulativas y pueden surgir años después de sufrir el daño). Esto es lo mismo que decir que la exposición excesiva a los rayos UV-B puede provocar, y de hecho provoca, cáncer de piel y lesiones en las partes más débiles expuestas al sol (ojos, labios, etc.). La Academia Norteamericana de Dermatología afirma que los rayos UV-B son los responsables de un millón de casos de cáncer de piel, entre ellos el melanoma, el más fatal. Lamentablemente, los mismos rayos que antaño nos hacían lucir un espléndido color dorado en la piel, son hoy en día fuente de importantes enfermedades.

Pero no sólo la piel sufre daños cuando las radiaciones UV-B la alcanzan en exceso: las cataratas aumentan año a año su incidencia en nuestra población por el efecto de los rayos ultravioleta. Aunque no está muy claro el proceso por el cual el cristalino degenera, se comienza a investigar sobre la fotooxidación de las proteínas de la lente ocular bajo el efecto de los radicales libres generados por los UV-B. En ocasiones, la córnea llega a «quemarse» a causa de las radiaciones y esto es especialmente peligroso para las personas que realizan actividades diarias en superficies altamente reflectantes (pescadores, monitores de esquí, alpinistas, etc.) si no toman la precaución de colocarse unas gafas de sol suficientemente oscuras como para neutralizar la reverberación de estos rayos solares. Lamentablemente, miles de animales que pastan o desarrollan sus actividades en lugares muy soleados y/o en montañas de altura considerable se ven obligados a sufrir todos los años cataratas y graves problemas oculares por culpa de la insensatez humana.

Los rayos UV-A y UV-C

Los rayos UV-A penetran más profundamente en la piel, de modo que alcanzan con facilidad la dermis o capa media. Sin embargo, no por ello son más nocivos que los UV-B ya que no provocan mutaciones en nuestro código genético. Sí, en cambio, agotan el caudal del colágeno cutáneo y son por tanto los responsables del envejecimiento prematuro de la piel. Todos conocemos a esos labradores o pescadores que, por la acción de tantas y tantas horas al sol, presentan unas marcadas arrugas en su rostro curtido y tostado. Pese a su antiesteticismo, estas personas no desarrollaban ningún tipo de cáncer epitelial.

Sin embargo, una nueva polémica surgió sobre estos rayos a partir del mes de junio de 1997, fecha en la que un equipo de investigadores franceses anunció que los UV-A podían ser igual o más peligrosos que los UV-B. Sus razonamientos eran que los rayos UV-A conforman el 90% de las radiaciones ultravioleta que nos alcanzan, a la vez que afirman que dichos rayos son igualmente dañinos que los UV-B, con la única diferencia de que, según estos investigadores, precisan de un mayor tiempo de exposición para causar lesiones. El argumento de mayor peso que esgrimen es que los UV-A incrementan el daño producido por los UV-B. Curiosamente, una semana después de este descubrimiento, los famosos laboratorios de cosmética L'Oréal hicieron pública una nueva molécula (OR-10154) capaz de filtrar a la vez los rayos UV-B y los UV-A con gran eficacia. Actualmente se encuentra en fase de comprobación ante el comité científico de cosmetología de Bruselas. No hace falta ser muy avispado para percatarse de que, de ser aprobada su comercialización como es de prever, aportará a la casa francesa L'Oréal pingües beneficios, calculables en miles de millones de francos.

Sin discutir los trabajos de estos investigadores, ni siquiera la que será famosa molécula OR-10154, convendría preguntarse por qué son ahora más peligrosos los rayos UV-A que hace cincuenta años si la capa de ozono jamás ha interferido en su paso hasta la superficie de la Tierra. En el caso de este espectro, el deterioro de la capa de ozono no influye en absoluto, ni influirá en el futuro, de modo que si bien es cierto que los UV-A son responsables de las arrugas prematuras en personas que se exponen diariamente a varias horas de sol, también lo es que no tienen por qué participar en el desarrollo de tumores ni lesiones cutáneas y/o oculares. O, al menos, tendrían la misma intervención en estos graves problemas que a principios de siglo o hace quinientos años (épocas en las que todos sabemos que el cáncer era un mal prácticamente desconocido).

Argumentar, por otra parte, que los UV-A multiplican los efectos perniciosos de los UV-B es seguir afirmando, de una manera o de otra, que los rayos dañinos siguen siendo únicamente los UV-B, ya que sin su presencia los UV-A no tendrían oportunidad de multiplicar nada. Respecto a los melanomas y las cataratas, los UV-B siguen siendo los únicos culpables, y un simple filtro solar «de los de siempre» ofrecería idénticas garantías al respecto.

Otra cosa muy distinta es la prevención del envejecimiento de la piel, en cuyo caso una crema anti-UV-A sería muy beneficiosa y yo se la recomiendo a todo aquel que tenga por costumbre exponer su piel al sol, pero siempre anunciándola como tal y no lanzando al aire amenazantes conclusiones cuyo fin parece ser el de asustar a la población para, tal vez, lograr en un futuro cercano más ventas.

Respecto a los rayos UV-C, recordemos que son captados por el ozono atmosférico en su totalidad. Gracias a su debilidad, un pequeño tanto por ciento de ozono sería suficiente para no dejarlos pasar, por lo que, de momento, no debemos preocuparnos por ellos. Si el manto de ozono desapareciera en su totalidad, lo de menos serían los UV-C porque en ese caso todos estaríamos pronto muertos.

Cómo protegernos eficazmente

Las dos únicas maneras de protegerse frente a los rayos ultravioleta de un modo efectivo son el uso de una crema con buena protección solar y el administrar prudentemente el tiempo de exposición al sol.

Cremas con filtro solar

Es un error pensar que sólo se deben usar cremas de protección solar cuando nos tumbamos en la arena dispuestos a tomar una buena ración de sol. Efectivamente, ésa es la actividad más peligrosa y en la que será imprescindible tomar todo tipo de precauciones. Sin embargo, un paseo con los brazos y las piernas descubiertos al sol, o una mañana en las terrazas de verano, pueden acarrearnos del mismo modo desagradables sorpresas en forma de enrojecimientos y quemaduras. Tengamos en cuenta también que las superficies reflectantes (arena, rocas, baldosas, etc.) hacen las veces de espejo y reverberan los rayos invisibles del espectro solar, pudiendo de este modo llegar a quemarnos sin haber sentido ningún tipo de calor sobre la piel.

Siempre que el día sea soleado (máxime en verano) y usted vaya a salir a la calle con parte de su cuerpo desprovisto de ropa, será conveniente que utilice una crema con protección solar. Por supuesto, el rostro debe estar también protegido.

Tipos de cremas: el factor de protección

Aparte de la gran variedad en marcas y presentaciones (geles, aceites, leches, etc.), cuestión ésta muy personal y que quedará a su elección según sus gustos y preferencias, las cremas solares pueden ofrecer varios niveles de protección frente a los rayos UV-B. Desde un FP (factor de protección) 2 hasta un 40 o más, deberemos escoger aquel número que nos ofrezca más garantías de defensa frente a los rayos solares a la vez que nos permita obtener un bonito bronceado.

Un producto con factor de protección 2 filtrará aproximadamente el 50% de UV-B; un FP 4, el 75%; un FP 6, el 85%, y un FP 8, el 90%. El factor 14 ya nos proporcionará una protección cercana al 95% y a partir del FP 24 puede decirse que todas las cremas reflejan el 100% de los ultravioleta. Si su piel es blanca y poco acostumbrada al sol, lo más prudente será aplicarse un factor igual o superior a 8 para los primeros diez días de exposición. Conforme la melanina se vaya formando, puede reducir el FP a 6, pero en ningún caso, por muy moreno que se vea e incluso después de años (digo bien: años) de baños frecuentes de sol, deberá utilizar un producto que filtre menos del 75% de los rayos UV-B, es decir, un FP 4. De este modo estará previniendo lesiones a medio y largo plazo en su piel e incluso en su sistema inmunológico: no olvide que los rayos ultravioleta son tan insidiosos como las radiaciones de origen nuclear o electromagnéticas, es decir, ni se ven ni se tocan, ya que nuestros sentidos no están preparados para detectarlas.

Para el rostro, mucho más sensible y delicado, elija una crema especial para él de alguna marca de su confianza. Sería conveniente, asimismo, que este producto ofreciese un factor de protección al menos cuatro puntos por encima del empleado para el cuerpo. Por ejemplo, cuando esté usted empleando un FP 6 corporal, elija una crema para el rostro de FP 10.

Si usted tiene por costumbre tomar el sol en *top-less* o sencillamente desnudo/a, debería saber que hay ciertas partes del cuerpo mucho más delicadas que el resto. Si la dermis que recubre nuestras piernas es siempre más resistente que la de los brazos, también la piel del pecho en el caso de las mujeres o de los órganos genitales en el caso de los hombres es sumamente delicada. Opere con sumo cuidado y mantenga estas zonas bien protegidas con un factor de protección adecuado (a este efecto puede servirle, por ejemplo, la crema para la cara, mejor preparada para evitar el envejecimiento y con un factor 4 puntos superior a la del cuerpo). Lo mismo ocurre con partes de la piel que deberían estar cubiertas por pelo y carecen de él, como el cuero cabelludo afectado por la calvicie.

Por último, hay ocasiones en las que, por una u otra circunstancia, podemos vernos obligados a exponernos al sol durante largos períodos de tiempo encontrándonos con la piel desacostumbrada a ello: una larga caminata, un día en la nieve, o una estancia en la cubierta de un barco pueden hacer verdaderos estragos en nosotros, aun con una buena crema solar. Ante una situación así debemos contar, además de con la prolongada permanencia al sol, con la reverberación solar de materias como la piedra (máxime ciertas rocas como las cuarcitas), la nieve o el agua, hecho que incrementa el riesgo y ante el que hasta una buena crema solar puede resultar insuficiente. Si tiene usted la oportunidad de disfrutar de un día tan entretenido, le insto a que no dude en hacerlo y cuanto más pueda alargar la jornada, mejor; solamente tendrá que tomar una precaución: añadirle a su crema protectora una buena dosis de carbonato de magnesio. Este mineral de aspecto calizo (podrá encontrarlo en cualquier tienda de dietética a buen precio), además de sus propiedades cuando es tomado por vía interna, aplicado externamente es un inigualable reflector de los rayos ultravioleta. Para ello deberá proveerse de un tarrito vacío que le sirva como nuevo recipiente. Extraiga y coloque sobre un pequeño plato una dosis abundante de su crema habitual y vierta sobre ella una cucharadita de carbonato de magnesio, revuelva bien la mezcla con un cuchillo o similar y cuando haya logrado una masa homogénea, ya tiene lista su «supercrema». Este combinado le permitirá librarse con absoluta seguridad del 100% de los rayos UV-B y por tanto de enrojecimientos y eritemas peligrosos. Con él, aun cuando la crema haya sido absorbida, sobre la piel le quedará una fina película de carbonato que mandará de vuelta sin contemplaciones todas las radiaciones que pretendan atravesar su epidermis.

¿Cuánto tiempo al sol?

No hay reglas fijas respecto a cuánto tiempo podemos exponernos al sol sin hacer sufrir la piel. Algunas personas, por lo general del tipo mediterráneo de tez morena, resisten mejor el ataque de los rayos ultravioleta, mientras que otras enrojecen tras una breve estancia bajo el sol, e incluso existe un buen número de individuos con verdaderas alergias a los rayos ultravioleta. Sea como fuere, lo que sí es cierto es que nadie puede soportar hoy por hoy sin daños las mismas horas al sol que hace quince o veinte años. Aquellos bronceados «de relumbrón» que se exhibían con orgullo en las playas de nuestras costas a las pocas semanas de estancia, sólo se pueden lograr hoy pagando un precio demasiado alto: la salud.

Tampoco todas las estaciones del año, ni siquiera los horarios dentro del mismo día, son iguales. La Tierra describe cada año una órbita elíptica alrededor del Sol, en el transcurso de la cual en cierto momento se coloca en posición vertical frente al astro rey. Es este momento, el verano, cuando los rayos inciden sobre la superficie de nuestra tierra de modo directo y atraviesan nuestra atmósfera en línea recta, con lo que la capa gaseosa que se interpone entre los rayos y nosotros tiene la longitud mínima. Por eso en verano hace más calor y los rayos solares «queman» mucho más que en invierno. Por este mismo fenómeno, el ozono que deben cruzar los rayos UV-B es menor en verano que en invierno y la capacidad para retenerlos, por tanto, igualmente más pequeña.

Respecto a las horas del día, es muy distinto exponerse al sol a las doce del mediodía que a las nueve de la mañana o a las siete de la tarde. El mismo fenómeno de oblicuidad de los rayos hace que, al amanecer y en las últimas horas de la tarde, el sol sea mucho menos peligroso que en las horas en las que éste se encuentra en el cénit (entre las 13h. y las 16h., hora española).

Las nubes tampoco son muy de fiar: aunque el día amanezca triste y parezca que no hace sol, sobre esa capa de nubes que cubren su cielo sí está luciendo un brillante sol. Aunque las formaciones nubosas retienen buena parte de los rayos solares, dejan pasar otra buena parte de la que no somos conscientes y que puede dejarnos penosos recuerdos de una jornada con el torso desnudo bajo un cielo un tanto gris. Del mismo modo que las nubes permiten el paso a una importante cantidad de espectro luminoso visible, es decir, de luz solar (de no ser así, un día nuboso sería como una negra noche), también dejan pasar parte de los rayos infrarrojos y, por supuesto, de los UV-A y UV-B. Tenga esto en cuenta y no se deje engañar por el aspecto aparentemente inofensivo del día.

Intentaremos resumir estas circunstancias en un sencillo cuadro de tiempo de exposición al sol que le recomiendo tener siempre a mano. Está especialmente diseñado para los horarios de mayor incidencia (verticalidad) de los rayos solares y, por supuesto, para personas de salud media y no alérgicas. Puede usted variar esta tabla dentro de los límites de la prudencia y según su tipo de piel y el grado de su habituación a los rayos solares:

	Verano (con FP adecuado)		**Invierno**	
Días	**Cielo despejado**	**Cielo nuboso**	**Cielo despejado**	**Cielo nuboso**
1ª. semana	15/20 min	40 min	54 min	Indefin.
2ª. semana	25/30 min	50 min	1 h	Indefin.
3ª. semana	40 min	1 h	90 min	Indefin.
4ª. semana	50 min	90 min	2 h	Indefin.
2º. mes	90 min	4 h	Indefin.	Indefin.
3º. mes	2 h	Indefin.	Indefin.	Indefin.

Otras ayudas importantes

Además de las cremas solares y del control del tiempo de exposición al sol, existen algunas otras medidas que podemos tomar para minimizar los daños potenciales de los UV-B. Una de ellas es la utilización de las gafas de sol, especialmente aquellas adquiridas en ópticas y que lleven adherida una pequeña inscripción en la que se asegure la máxima protección frente a los rayos ultravioleta. Aunque la incidencia moderada de los rayos solares sobre nuestra piel y nuestros ojos es beneficiosa, la luz demasiado intensa o los baños de sol en lugares de alta reverberación deben ser mitigados con el uso de gafas adecuadas, durante al menos un 50% del tiempo que estemos expuestos al sol.

Por vía interna, las vitaminas A, E y C, y por supuesto todos los alimentos que las contienen en buena cantidad, protegen el envejecimiento de su piel, la formación de radicales libres, y la buena salud del cristalino de sus ojos. Tome, pues, en abundancia alimentos ricos en dichas vitaminas o incluso algún complejo vitamínico, recomendado por su médico o especialista naturópata, durante los meses de mayor incidencia de los rayos solares.

Los animales y los UV-B

La destrucción de la capa de ozono afecta a todos los organismos vivos del planeta, y por ello debemos tomar ciertas precauciones con respecto a los animales que nos rodean. Si su mascota carece de pelo, como ocurre en ciertas razas felinas y caninas, debe aplicarle la misma protección que utiliza usted. No tema sentirse ridículo: más lo sería obviar un problema ciertamente grave y encontrarse un par de años después con un animal enfermo de cáncer.

Si posee un acuario con peces o tortugas, reduzca el tiempo que permanezcan al sol, y si en sus propiedades habita algún tipo de reptil (lagartos, tortugas de tierra, etc.) disponga siempre para ellos un pequeño refugio de piedra o ladrillo donde puedan resguardarse cuando lo deseen.

En el caso de las aves, tanto pájaros como gallinas, patos, etc., tenga la precaución, máxime durante el verano, de no colocar cerca de su hábitat superficies reflectantes de fuerte reverberación, como espejos, metales pulidos, charcas de agua, etc., que podrían dañar severamente sus ojos.

Una última advertencia para los amigos de los canes: si su perro es de pelo largo y posee un flequillo que le cae sobre la frente, en ningún caso se lo corte o lo aparte con un lazo, ya que es una protección natural que poseen frente a los rayos del sol; estos animales suelen tener los ojos muy sensibles y los UV-B podrían afectar fatalmente su retina. De igual modo, olvide los rasurados de verano: el privar al animal de su manto natural y dejar su piel desnuda al sol constituye una temeridad, debido a la fragilidad de su dermis preparada para estar recubierta de pelo y que le preserva de los efectos de los rayos ultravioleta. Por otra parte, es un error creer que al rasurar al animal vamos a ayudarle a sobrellevar mejor el verano, ya que el pelo del perro ejerce un efecto aislante no sólo del frío sino del calor y en ningún momento su amigo se sentirá más fresco de esta manera; muy al contrario, tal vez sufra eritemas y quemaduras en su delicada piel. Pensemos que si la naturaleza no ha programado que al perro se le caiga el pelo en verano, será por algo.

Domingo y sin crema

Es más que posible que algún día durante sus vacaciones o cuando usted se disponía a disfrutar de un soleado domingo, se encuentre con que se le ha acabado la crema solar y las tiendas de los alrededores permanecen cerradas a cal y canto, impasibles a su problema. La cosa se complica: su vecina no está en casa, o aún peor, está usted alojado en un bloque de apartamentos de verano donde todo el mundo habla alemán y no hay a quien pedir amablemente un poquito de crema. ¿Qué hacer?, usted sabe bien que si se expone al sol sin protector solar, acabará enrojecido y dolorido, y tal vez pase un par de noches acordándose del día en que se inventaron los CFC. Por otra parte, no le apetece quedarse en casa y menos salir ataviado con camisa de manga larga y sombrero. No se preocupe: aún puede hacerse algo.

Aunque las cremas solares caseras no son recomendables para el uso diario debido a que es imposible determinar el FP exacto del que usted está disponiendo, sí constituyen una buena solución para casos de emergencia como los anteriormente reseñados y, por supuesto, fabricarse una siempre es mucho mejor que salir a la playa o al campo con la piel desprotegida.

Hay varias sustancias de las que usted fácilmente dispondrá en su casa y que pueden utilizarse para elaborar un ungüento solar suficientemente eficaz. Veamos algunos ejemplos:

Como excipientes y tonificantes de la piel:

- Aceite vegetal de cocina (mejor, aceite virgen).
- Aceites esenciales de baño o masaje.
- Algún gel o leche hidratante corporal.
- En el defecto de alguno de ellos: vaselina.

Como protectores (por orden descendente de protección):

- Carbonato de magnesio.
- Polvos de talco.
- Polvo de arroz.
- Zumo de zanahoria.

Respecto a los aceites vegetales (el mejor es el de oliva, por su densidad), además de excipientes para la preparación del ungüento, tienen propiedades filtrantes y de protección del colágeno de la piel, o lo que es lo mismo, de su tersura. Los aceites aromáticos de baño o las leches hidratantes son también excelentes bases para una crema protectora por sus cualidades elastificantes, tónicas y/o hidratantes. Si no disponemos de nada de ello, podemos recurrir a la vaselina, de la que aprovecharemos su calidad untuosa.

En cuanto a los protectores, ya hemos visto que el carbonato de magnesio es un filtro total y, por tanto, de gran seguridad. También los polvos de talco tienen la virtud de reflejar la mayor parte de los rayos ultravioleta, de modo parecido a como lo hace el polvo de arroz (se puede conseguir fácilmente moliendo arroz en una picadora de calidad). El zumo de zanahoria también actúa eficazmente debido al alto contenido de la zanahoria en flavonoides (protectores) y en provitamina A; no en vano las cataplasmas de zanahoria se vienen utilizando con gran éxito en la medicina naturista como excelente tratamiento para quemaduras y tumoraciones de la piel.

Las distintas combinaciones entre estos buenos productos quedan a su libre imaginación, siempre teniendo en cuenta que por cada diez partes de excipiente deberá mezclar entre una y cuatro partes de protector, según sea la sustancia elegida. Puede combinar varias entre sí y hacerlo a su gusto. Eso sí: no olvide que se trata de un sustituto ocasional de su crema solar, que es conveniente adquirir ésta en cuanto le sea posible, y que debe controlar con cuidado el tiempo de exposición de la piel desnuda al sol.

Para ofrecerle una pequeña orientación, pondremos algunos ejemplos de lo que podrían ser buenas cremas protectoras caseras:

Fórmula 1

- 25 ml de leche corporal hidratante.
- Una cucharada de zumo de zanahoria.
- Media cucharadita de polvo de arroz.

Mezclar bien todos los ingredientes hasta formar una emulsión homogénea, y guardar en un tarrito o frasco pequeño.

Fórmula 2
- 25 ml de aceite de oliva.
- Media cucharadita de polvos de talco.

Mezclar de igual manera que en la receta anterior y guardar.

Fórmula 3
- Un tarrito de vaselina.
- Media cucharadita de carbonato de magnesio.

Calentar la vaselina y añadirle el magnesio. Revolver bien hasta conseguir una masa sin gránulos, y guardar.

Cuando el daño ya está hecho

El que más y el que menos ha sufrido alguna vez las consecuencias de una exposición demasiado prolongada o desprotegida al sol. Un descuido puede ser suficiente para llevarnos de la playa o del campo un duradero recuerdo en forma de quemaduras más o menos graves. Cuando el mal ya está hecho, no nos queda sino intentar ayudar a nuestra piel a recomponer sus células chamuscadas con el menor padecimiento posible y en vista de evitar un envejecimiento de ésta a raíz de la irradiación experimentada.

Hoy en día existen a la venta numerosos *aftersun* de buena calidad dotados de sustancias hidratantes, refrescantes y en ocasiones con extractos de plantas curativas. Tenga uno siempre a mano, ya que conviene aplicárselos diariamente tras la exposición al sol aun en caso de no haber sufrido enrojecimiento.

Si las quemaduras son más severas (aparición de ampollas, llagas, etc.), le recomiendo que acuda a su médico de cabecera o, mejor aún, a su especialista dermatólogo. Estas quemaduras pueden haber afectado a las capas más profundas de la piel y requerir de un tratamiento médico adecuado, so peligro de infección y de daños permanentes.

Si no dispone de una buena crema reparadora para eritemas, siempre puede echar mano de la «farmacia natural», esa maravillosa botica que la naturaleza ha puesto de manera gratuita a nuestro alcance. Tome buena nota de alguna de estas sustancias y sus preparaciones para aliviar y curar los enrojecimientos y las quemaduras solares:

Cataplasmas de arcilla. La arcilla es un gran absorbente de calor, proporciona una agradable sensación de frescor y desinfecta impidiendo la entrada a los gérmenes patógenos (no olvidemos que toda quemadura es una herida abierta). Puede adquirirla en cualquier tienda de dietética o similar y se prepara fácilmente mezclándola con agua filtrada o de manantial fría. Se debe aplicar sobre la parte afectada en forma de emplasto con un espesor de, al menos, 1 cm. de grosor. Se retirará cuando seque y puede seguir aplicándose cuanto tiempo se desee.
Zanahoria. De nuevo aparece la zanahoria como insustituible aliada de la piel: ralle una zanahoria cruda lo más finamente que pueda y aplíquela uniformemente sobre la zona dañada. Debe sustituirse por otra fresca cuando adquiera calor.
Menta. La infusión fría de menta tiene buenas propiedades refrescantes y calmantes de la piel. Empape un paño de algodón en esta infusión y colóquelo sobre el enrojecimiento.
Aceite de hipérico. Aunque puede confeccionarlo en su casa, si precisa de él con rapidez lo encontrará en algunos establecimientos naturistas o herboristerías: es asombrosamente efectivo frente a las quemaduras solares.

Los beneficios del sol

Afortunadamente, no todo son peligros con el sol. Nuestra deslumbrante estrella puede ser también nuestra aliada y nuestra amiga si sabemos dosificar y negociar su trato, de modo que podamos extraer de ella todos los beneficios que la luz solar está en condiciones de aportar a nuestra salud. Desde la Antigüedad, el hombre se ha servido de los rayos solares para estimular su organismo y ha sido siempre pilar fundamental en las recuperaciones y los períodos de convalecencia de decenas de enfermedades. Sería una lástima dejar que se perdieran sus propiedades curativas por miedo excesivo o desconocimiento: no olvidemos que no es al sol sino a nosotros mismos a quienes debemos echar la culpa de los trastornos que el gran agujero de ozono provoca en nuestra piel, de no tomar las medidas de prevención adecuadas.

La salud ósea

Los rayos ultravioleta desempeñan un papel decisivo en la formación de la vitamina D en el organismo humano. Sin la luz solar el hombre sería incapaz de sintetizar la vitamina D (también llamada calciferol, por su directa relación con el metabolismo del calcio).

La escasez de vitamina D provoca raquitismo en los niños y predispone al organismo en la madurez a desarrollar deficiencias degenerativas de los huesos, agravando enfermedades tan dolorosas y entorpecedoras del movimiento como la artrosis o la osteoporosis.

Como preventivo o como terapia de apoyo en las patologías óseas, exponerse a la luz solar diariamente, tanto en verano (con la protección lógica) como en invierno, resulta excelente.

El sistema inmunológico

Está demostrado que la incidencia de los rayos solares sobre nuestro cuerpo activa el sistema inmunitario y nos prepara para defendernos con éxito de las invasiones patógenas (virus, bacterias) que nos acechan. Las personas que se exponen a la luz solar durante los meses invernales presentan un índice muy superior de resistencia a los contagios de resfriados y gripes en esta época. De igual modo, últimas investigaciones parecen apuntar a que el contacto frecuente con el sol puede ayudar en la prevención de infecciones aún más peligrosas que el simple catarro respiratorio (hepatitis, enfermedades de transmisión sexual, etc.).

Trastornos de la piel

De la misma manera que tomado sin moderación el sol se convierte en un grave peligro para la piel, la exposición racional y protegida a sus rayos es una óptima terapia para algunas patologías dermatológicas como los forúnculos, ciertos eccemas o la psoriasis. No en vano los rayos ultravioleta ejercen acciones antisépticas y purificadoras de la piel, a la vez que estimulan el intercambio bioquímico de la epidermis, dotando a ésta de mayor resistencia a las enfermedades.

Todo paciente con problemas en la piel debería consultar con su dermatólogo (aunque no es frecuente, en ocasiones y en ciertos sujetos no es conveniente la exposición al sol), para luego trazar un plan de toma diaria de sol, no sólo durante la época estival sino a lo largo de todo el año.

El sistema endocrino

El sol también activa nuestro sistema hormonal. Ésta es una afirmación reciente que ha dado origen a una nueva rama de la ciencia, la «fotobiología», estudiada en los últimos años y que afirma que mediante la estimulación de las células de la retina por la luz solar y gracias al impulso del nervio óptico, se influye directamente en las glándulas de nuestro cerebro: la pituitaria y la pineal. Por su producción hormonal y dado que nuestro organismo es un todo, estas dos glándulas tienen una repercusión indiscutible sobre el resto del cuerpo, afectando indirectamente a otras glándulas como las suprarrenales (productoras naturales de cortisona).

Más de uno y de dos casos de desequilibrios hormonales encontrarían una gran ayuda en algo tan sencillo como la toma diaria de una buena dosis de «luz».

Buen humor y sol

Aunque en ocasiones los seres humanos nos creemos seres privilegiados a los que no influye la naturaleza con sus cambios climáticos, sus lluvias, sus vientos, sus días de sol o nubes, lo cierto es que el hombre, al igual que el resto de mamíferos, e incluso que el resto de seres vivos que habitan junto a nosotros en este planeta, se ve afectado, quiéralo o no, por el medio que le circunda.

Dejaremos para otro volumen la influencia de los vientos, de las lunaciones, y otras importantes variables, para ocuparnos de una de las energías de la naturaleza que más influyen en nuestra psique: la luz solar.

Muchos de nosotros nos sentimos más optimistas y alegres en verano que en invierno. Si bien buena parte de este contento es la inminente llegada del período vacacional, también es cierto que durante los meses de mayor luz solar (primavera y verano), y aun acudiendo día a día al mismo trabajo de siempre, nos encontramos igualmente más joviales y optimistas. Este fenómeno se produce también en ancianos y personas desempleadas (estos colectivos no esperan por sus vacaciones porque tampoco trabajan), y ha engendrado una nueva enfermedad bautizada por la medicina como «depresión invernal».

En efecto, la escasez de luz solar, tanto por la menor cantidad de horas de sol como por la nubosidad que suele acompañar al invierno, afecta directamente al cerebro por medio de tres «entradas»: la piel, los ojos y la glándula pineal, esta última especialmente importante por ser la que segrega una sustancia llamada melatonina, que está siendo investigada en los últimos años por su relación directa con la depresión y la salud mental. Podríamos decir que el sol activa nuestro metabolismo y nuestra psique hasta tal punto que durante los meses de invierno nuestro cuerpo sufre una pequeña «hibernación» (recordemos cómo pasan esta época los osos, por ejemplo). Siguiendo los ritmos naturales, en invierno deberíamos acostarnos más temprano, dormir hasta más tarde, desarrollar menos horas de trabajo e incluso comer alimentos más energéticos y menos veces al día. Como esto no es siempre posible (casi nunca, diría yo), nos queda la posibilidad de aprovechar al máximo las pocas horas de sol con que nos obsequie el día e intentar paliar los efectos depresivos de tener que forzar a nuestro organismo a responder por igual durante todos los meses del año.

Vivimos en un país privilegiado frente a los Estados del norte de Europa que apenas ven el sol durante seis meses de cada doce. Perdámosle miedo al frío y, en otoño e invierno, expongamos siempre que podamos al menos el rostro y los brazos a la luz del día: ganaremos en salud y buen humor.

Verdades y mentiras sobre el sol

Acerca del sol, su manera de tomarlo y la influencia sobre las personas, se habla mucho pero no siempre con total acierto. Algunos de los mitos que corren de boca en boca carecen de base científica y no hacen sino crear confusión. Vamos por último a aclarar ciertos conceptos (algunos de ellos ya tratados en este capítulo) que pueden ofrecer dudas y precisar una aclaración.

Tomar el sol a mediodía broncea más:
Falso. Tomar el sol entre las 12 h y las 16 h aproximadamente (hora oficial) lo único que hace es quemar más y someter la piel a un severo castigo. El mejor y más bonito moreno es el que proporcionan los rayos UV-B y UV-A a primera hora de la mañana y últimas de la tarde, cuando el sol debe atravesar una mayor superficie de atmósfera.

Algunos medicamentos reaccionan con el sol:
Cierto. Ciertos medicamentos como los antibióticos, algunos tranquilizantes o todos aquellos que influyan en nuestro sistema hormonal (extractos tiroideos, anticonceptivos, etc.), pueden iniciar un proceso de fotosensibilización y hacer que nuestra piel se vuelva mucho más susceptible al sol e incluso provocar reacciones de alergia al contacto con la luz solar. Si está siguiendo algún tratamiento con medicamentos, consulte a su doctor sobre la posibilidad de una interacción con los rayos ultravioleta.

Nadando la piel no se quema:
Falso. Aunque dentro del agua no sintamos el calor del sol (el agua del mar o de la piscina suele estar más fría porque absorbe más lentamente los rayos infrarrojos), el espectro ultravioleta, en particular los peligrosos UV-B, traspasa la superficie del agua con la misma facilidad que un cristal deja pasar la luz, e incluso puede ejercer un efecto «lupa» realmente devastador. Pasar la mañana o la tarde dentro del agua es una temeridad por la falsa sensación de frescor que nos proporciona y es el origen de miles de quemaduras graves todos los años en nuestras playas.

Algunos alimentos nos ayudan a la hora de tomar el sol:
Cierto. Aquellos que contienen betacarotenos (zanahorias, tomates, pimientos rojos, col roja, etc.) preparan nuestra piel para absorber con rentabilidad los rayos solares y lograr un bronceado más rápido y duradero. Por otra parte, los cítricos (ricos en vitamina C) y los frutos secos y aceites vírgenes (ricos en vitamina E), nos ayudan eficazmente a combatir los radicales libres que se forman en nuestra piel al recibir los rayos solares y también a proteger así nuestro ADN de posibles daños por la acción de los UV-B, del mismo modo que tanto la vitamina C como la E previenen el envejecimiento de la piel.

Si desea adquirir un buen color de piel y protegerse «desde dentro», tome antes de cada sesión solar un buen vaso de zumo de cítricos y verduras ricas en betacarotenos al 50%. Durante el día no olvide incluir en su menú un buen puñado de frutos secos y dos o tres cucharadas de aceite virgen crudo para aliñar sus platos.

Las verrugas mejoran con el sol:
Falso. Tal vez en los viejos tiempos, cuando a nuestra Tierra la rodeaba un hermoso manto de inmaculado ozono, algunas personas hayan curado sus verrugas con el sol gracias a sus virtudes antisépticas y regeneradoras. Hoy por hoy, sin embargo, exponer cualquier zona de la piel con un crecimiento anormal de células a los rayos UV-B es un riesgo que todos deberíamos evitar, ya que la predisposición al daño en el ADN de esta zona es muy alta. Por el contrario, deben protegerse siempre del sol tanto verrugas como lunares que sobresalgan de la piel, bien aplicándoles una crema solar con un FP igual o superior a 14, bien sencillamente tapándolos con una pequeña tirita o similar.

En muchas otras lesiones cutáneas, sin embargo, los baños moderados de sol son altamente beneficiosos y cada vez más recomendados por los especialistas dermatólogos.

Los perfumes pueden causar manchas:
Cierto. Las colonias, los perfumes y los desodorantes pueden causar en la zona en que se aplican una fotosensibilización, de modo que al incidir los rayos solares sobre ella provoquen manchas en la piel o incluso desagradables eritemas. El mejor modo

de tomar el sol es haciéndolo con el cuerpo limpio y una buena crema solar como único añadido.

Es conveniente el *peeling* corporal antes de un baño solar:
Falso. El *peeling* (método a base de cremas abrasivas que levantan las células más superficiales de la piel) puede aparentar que nos proporciona una piel suave, fina y lista para conseguir un profundo bronceado. Muy al contrario, el *peeling* levanta la capa externa de la epidermis y por tanto deja la piel desprotegida. En ningún caso la prepara para una mayor producción de melanina, sino únicamente para quemarse con más facilidad. Tal vez en invierno no tenga demasiada trascendencia, pero en los meses en los que los rayos ultravioleta inciden más directamente sobre nosotros, a la vez que nos exponemos mucho más tiempo al sol, esa capa córnea compuesta por un 90% de células muertas es una defensa más de nuestro cuerpo de la que no debemos privarnos.

El alcohol debe evitarse:
Cierto. El alcohol dilata los capilares que recorren la piel y ésta ya es razón suficiente para dejar las cervezas para después del baño solar. La vasodilatación de las pequeñas venas hace que la sangre afluya en gran cantidad bajo nuestra piel; si nos exponemos largo rato al sol y a sus rayos infrarrojos, esta sangre calentará y recorrerá el cuerpo a mayor temperatura de la normal, pudiendo causarnos una hipertermia («golpe de calor») inesperada y, desde luego, sumamente desagradable.

Las sombrillas protegen lo suficiente:
Falso. Las gorras y sombreros, al igual que las sombrillas, lonas, toldos, etc., filtran la mayor parte de los rayos solares (ultravioletas, infrarrojos, etc.); sin embargo, no nos libran de los ultravioletas que «rebotan» en la superficie sobre la que nos hallemos y que no podemos ver. Tengamos en cuenta, por ejemplo, que la arena refleja alrededor del 30% de las radiaciones totales del sol, mientras que la hierba lo hace sólo en un 15% y la peligrosa nieve refleja hasta un 90% del espectro solar.

Además del sombrero o el toldo, es imprescindible seguir aplicándose una crema protectora.

6. Unos átomos devastadores: los radicales libres

Un día cualquiera

Usted se levanta una mañana más, como a diario. Mientras se despereza, apaga su radiorreloj despertador y se dirige al baño para lavarse y prepararse. Minutos más tarde, ya en la cocina, se prepara un desayuno en el que no falta el café bien cargado e incluso unas lonchas de beicon frito para «aguantar» la mañana. Es posible que en este momento encienda el primer cigarrillo del día.

Poco más tarde, sale de su casa y coge el coche para dirigirse a su centro de trabajo localizado en un gran edificio de oficinas en el centro de la ciudad. Si ha tenido suerte entre el denso tráfico, consigue aparcar su vehículo y fichar a tiempo. Una vez en su mesa, conecta la terminal de ordenador y comienza su tarea. Alrededor de las doce de la mañana sale hasta la cafetería de la esquina donde toma rápidamente un pequeño bocadillo y otro café, para volver al trabajo a continuación. En la oficina, continúa su tarea de siempre rodeado de monitores de ordenador, impresoras, cables eléctricos, etc. En su centro de trabajo, rara vez se abren las ventanas, ya que el aire acondicionado se encarga de mantener el ambiente aparentemente respirable.

Usted es un hombre/mujer con suerte: su jornada continuada le permite traspasar las puertas de su oficina sobre las 16 horas para no regresar hasta el día siguiente. Con bastantes ganas de expansionarse y ver la luz del sol, canturrea mientras se dirige hasta su coche y decide llamar a su pareja con el teléfono móvil para proponerle una tarde de piscina, aprovechando los rayos de sol primerizos del verano que se acerca. Él/ella acepta y usted hace varias llamadas más para ponerse de acuerdo con algunos amigos.

Con unos sándwiches de embutido, su pareja y usted llegan a la piscina cerca de las 17 horas, donde están hasta las siete de la tarde tumbados, relajándose. Dada la tibieza de los rayos solares, no parece necesario ponerse una crema protectora. Allí, recibe un par de llamadas más a través de su móvil, y cuando finaliza la tarde, usted ya se ha fumado alrededor de una cajetilla de tabaco.

Por la noche cena algo rápido (sirve un precocinado calentado en el microondas) y después de un rato sentado frente al televisor, se acuesta como siempre en su habitación, dotada, cómo no, de todos los instrumentos de confort (lamparilla de luz halógena, radiorreloj despertador, aire acondicionado, etc.), con el fin de, si hay suerte, dormirse a una hora lo suficientemente temprana como para levantarse con ánimos al día siguiente.

Este día imaginario podría encajarse en las actividades diarias de miles de ciudadanos y, por otra parte, parece bastante inocente, ¿verdad? Pues bien: en él aparecen como agresoras ocultas la mayor parte de las fuentes más importantes de producción de radicales libres: alimentación, aire contaminado, radiaciones solares, radiaciones electromagnéticas, etc.

La vida en nuestra sociedad industrializada y tecnificada comporta la exposición casi obligada a los efectos perniciosos de los radicales libres. Pero será conveniente empezar por saber qué son exactamente los radicales libres.

¿Qué son los radicales libres?

Las moléculas orgánicas de las que todos los organismos vivos están compuestos consisten básicamente en una agrupación de átomos de carbono a los que se les unen otros átomos distintos, según el tipo de molécula del que se trate. Estos pequeños grupúsculos atómicos «vagan» sueltos por nuestro organismo buscando una molécula orgánica a la que adherirse dada su gran inestabilidad debido al electrón desparejado que poseen. Pues bien: son estos conjuntos de átomos sin unir lo que damos en llamar radicales libres.

Los radicales libres se producen de forma natural por millares en el curso de la vida, ya que son un subproducto resultante de la oxidación metabólica. Sin embargo, el cuerpo sabe ingeniárselas lo suficientemente bien como para combatir este número de enlaces, utilizando para ello sus reservas de vitaminas A, E y C, así como algunas enzimas tan importantes como la catalasa o el superóxido dismutasa.

Sin embargo, el problema se inicia cuando la presencia de radicales libres comienza a ser excesiva, en ocasiones casi como una verdadera invasión. El organismo es entonces incapaz de combatirlos, convirtiéndose en altamente peligrosos y perjudiciales para la salud. Tengamos en cuenta que algunos de ellos no llegan a permanecer independientes más de algunas décimas de segundo, se ensamblan con rapidez a una molécula orgánica y la transforman en un nuevo radical libre dañando su código genético (ADN). Este radical creado actúa de la misma forma con la molécula más próxima, originando de este modo una reacción en cadena capaz de dañar los tejidos orgánicos.

Los radicales libres conocidos como más peligrosos son los derivados del oxígeno: el hidroxilo y el superóxido. Fijémonos, por ejemplo, en que el radical hidroxilo se desarrolla como un reguero de pólvora a través de las cadenas de ADN tras las exposiciones a radiaciones como las nucleares, las de rayos X, gamma, etc. El radical superóxido, no menos dañino, es producido por tóxicos comunes y lamentablemente demasiado presentes en nuestro sistema de vida, como el humo del tabaco, la contaminación por metales pesados, los medicamentos químicos, la exposición excesiva a la luz ultravioleta, etc., así como por una alimentación desnaturalizada demasiado rica en carnes, embutidos, enlatados, ahumados, productos hiperrefinados, pesticidas y aditivos múltiples.

Las fechorías de los radicales libres componen un cuadro verdaderamente terrorífico. La destrucción celular que suponen es el origen de graves enfermedades que, por desgracia, la medicina actual intenta combatir a base de medicamentos y compuestos químicos que no sólo no curan la dolencia, sino que, por ser los fármacos en sí importantes fuentes productoras de radicales libres, en demasiadas ocasiones no logran más que empeorar el verdadero estado de salud del individuo.

¿Dónde se esconden los radicales libres?

Si es importante saber qué es y en qué consiste el enemigo, no lo es menos conocer los lugares donde se esconde y nos acecha, en muchas ocasiones esperando a que nosotros mismos vayamos a cogerle con nuestras propias manos. En el caso de estos perniciosos átomos libres, su presencia en nuestro mundo es tal que podría decirse que, literalmente, estamos rodeados. Sin embargo, siempre (y digo bien: siempre) que aún estemos vivos, podemos hacer algo por nuestra salud. En este caso, comenzaremos por desenmascarar todos y cada uno de los lugares donde se ocultan los radicales libres.

Alimentación

Dentro de la nutrición actual, existen dos grupos de alimentos que inundan nuestros platos, y por lo tanto nuestros organismos, con una riada de radicales libres dispuestos a unirse y destruir rápidamente nuestras moléculas orgánicas: las grasas saturadas y los alimentos ahumados y/o quemados.

Las grasas saturadas

La pésima fama de las grasas saturadas (grasas que carecen de enlaces dobles) está plenamente justificada: tanto los aceites vegetales fritos varias veces y a altas temperaturas, como las grasas de origen animal, constituyen grandes fuentes de radicales libres, origen de tantas y tantas dolencias coronarias.

Tengamos siempre en cuenta, por tanto, que los fritos humeantes, carnes no magras, embutidos, quesos grasos, etc., constituyen bombas de relojería para nuestras arterias y para nuestra vida.

Ahumados y similares

Proveniente de una costumbre antigua que tenía como fin conservar los alimentos proteicos sin pudrirse durante más tiempo, el ahumado es, hoy por hoy, no solamente innecesario sino altamente peligroso para la salud. Cuando sometemos un jamón, unos embutidos, o incluso un pescado, al humo, las bacterias son lo suficientemente inteligentes para saber que ese alimento no es comestible, de ahí su larga conservación. Sin embargo, el ser humano acepta como bueno ese sabor, e incluso disfruta de él, y consume el producto sin sospechar que dentro de él se encierran grandes cantidades de radicales libres. Alimentos ahumados de consumo frecuente son los mencionados jamones, las cecinas y salchichas, los salmones ahumados, etc.

De igual modo ocurre con las carnes y los pescados que se someten directamente a la acción del fuego sin ningún instrumento que canalice la llama: pescados a la parrilla, pollos y chuletones asados, barbacoas de todo tipo, etc. Al exponer un alimento a la acción del fuego, en ocasiones con las llamas lamiendo su superficie, se producen pequeñas (o grandes) «quemaduras» o carbonizaciones en las proteínas, cuyos productos de residuo son altamente cancerígenos por su riqueza en átomos libres.

Tóxicos alimentarios y medicamentos

Buena parte de los tóxicos que ingerimos por vía oral son excelentes portadores de radicales libres y un buen medio para asegurarnos una pésima salud.

Entre los más extendidos en su consumo se encuentran los aditivos alimentarios, los pesticidas y plaguicidas, y los medicamentos. De los primeros ya hemos tratado en el primer capítulo de esta obra; respecto a los últimos, y pese a las virtudes que les puedan ofrecer en algunos casos a determinados enfermos, nadie puede negar que los productos de farmacia son compuestos químicos, y como tales ajenos al organismo humano. El cuerpo sufre un rechazo cada vez que ingerimos un medicamento, es un mecanismo de autodefensa y de sabiduría celular ante la tromba de átomos libres que se le viene encima. Este rechazo tiene como finalidad acelerar los procesos de limpieza y expulsar al «intruso»: estómago, hígado, riñones e intestinos se rebelan y combaten al extraño por todos sus medios. Muchas veces lo consiguen (de hecho, si no fuera así, medio mundo moriría en el transcurso de pocas semanas), pero la lucha deja tras de sí un rastro de radicales libres altamente peligrosos dentro de nuestro organismo. Si tenemos en cuenta que más de la mitad de los medicamentos consumidos en el mundo occidental están destinados solamente a suprimir síntomas y no a curar, veremos la necesidad de revisar nuestro cajón de medicinas y reducir, al menos a la mitad y siempre que no se padezca una enfermedad grave, el consumo habitual de fármacos.

Aire contaminado

Todos los humos (tabaco, humos de fábricas, gases de tubos de escape, etc.) no son más que aire cargado de unas u otras moléculas tóxicas. Hemos visto con anterioridad las fechorías de la contaminación atmosférica, y una de las causas principales de ello es el hecho de que las sustancias tóxicas inhaladas producen verdaderos chorros de radicales libres en nuestros bronquios y pulmones. Lamentablemente, las grandes industrias llenan nuestro aire de desechos sin preguntarle a usted si desea vivir en un mundo donde cada bocanada de aire le proporciona una buena dosis de átomos descontrolados.

Radiaciones

Especialmente peligrosa para el ser humano es la exposición a las radiaciones de uno u otro tipo, y esto es por dos causas: su enorme capacidad de producción de radicales libres y su absoluta indetección por los sentidos ya que las radiaciones no se ven, no se tocan y no se huelen. Podemos estar rodeados de fuentes de contaminación por radiación y no ser conscientes en absoluto de ello.

Siempre que nos exponemos a una fuente de radiación, de una u otra clase, en nuestro cuerpo se produce una cantidad extra de radicales libres por la sacudida que sufre nuestro apacible funcionamiento celular interno. Las radiaciones actúan quebrando los enlaces entre átomos de modo que los radicales quedan libres y preparados para dañar toda molécula que esté a su alcance.

Las radiaciones más frecuentes e insidiosamente introducidas en nuestra vida diaria son las solares (ultravioletas), la radiactividad (rayos X, cercanía a centrales nucleares) y el electromagnetismo (casas superelectrificadas, cercanía a centrales eléctricas y tendidos de alto voltaje, ordenadores, radiorrelojes, comidas cocinadas en el microondas, etc.).

Los estragos de los radicales libres

La cronología de la enfermedad humana en los últimos cincuenta años se desarrolla íntimamente ligada a la presencia de los radicales libres en el organismo. Enfermedades que a principios del siglo XX estaban presentes en ámbitos muy reducidos (cáncer, colesterolhemia, artritis, osteoporosis, alzheimer, úlceras gástricas, etc.), son hoy motivo de consulta y tratamiento diario en los hospitales de los países avanzados. Dado que la oxidación celular que supone la presencia de estos átomos activos es el motivo del envejecimiento, podríamos afirmar que la historia de la enfermedad es la misma historia del envejecimiento de nuestras células. Los radicales libres nos envejecen tanto exterior como interiormente: el cáncer, las degeneraciones óseas, las patologías coronarias, las enfermedades gastrointestinales, etc., no dejan de ser graves enfermedades provocadas por la senectud y falta de vitalidad para el combate de nuestros sistemas de defensa.

Veamos más detalladamente cómo este envejecimiento afecta a partes fundamentales del organismo.

El terrible cáncer

Desgraciadamente, muchos de nosotros sabemos que esta grave enfermedad consiste en un grupo de moléculas mutadas a raíz de un daño en el código genético o ADN del individuo. Estos conjuntos celulares se comportan de manera completamente diferente al resto y, en vez de morir las células cuando son atacadas por la acción de los radicales libres, se transforman en unas ávidas asesinas capaces de mutar a su vez cientos de miles de células antes sanas y normales. El resultado de esta patología, de no ser controlado a tiempo, es la invasión y muerte de órganos tan importantes como los pulmones, el hígado, el intestino, etc. Las células mutadas ocupan mucho espacio y sin embargo no cumplen las funciones para las que las células primitivas estaban programadas. Es un enloquecimiento de las órdenes del código genético. Los órganos afectados no llevan a cabo su misión y colapsan el organismo hasta un posible desenlace fatal.

Los radicales libres dañan directamente la delicada espiral del ADN y ésta es la causa del –atención– 100% de los cánceres que se desarrollan y manifiestan en la actualidad. Incluso los casos en apariencia hereditarios muy probablemente no llegarían a desarrollarse jamás de adoptarse un modo de vida en el que la presencia de estos átomos sueltos fuera evitada, a la vez que se procurase incluir en la dieta los suficientes antioxidantes para contrarrestar su efecto pernicioso.

Trastornos cardíacos

El corazón es nuestra bomba sanguínea y como tal precisa un aporte de sangre constante y abundante. La menor interrupción en el correcto flujo sanguíneo puede ser causa de gravísimas lesiones cardíacas y cerebrales. Por ello la buena salud arterial es base fundamental para el normal desarrollo de la vida y la salud.

Los radicales libres atacan directamente a nuestro sistema vascular causando lesiones en las células del músculo liso de la pared interna de las arterias. Este proceso lesivo hace que el colesterol se acumule en placas que estrechan la cavidad por la que fluye la sangre y pueden llegar a obstruir una arteria por completo. Las consecuencias de este trastorno para el corazón son conocidas por todos: angina, aneurisma, infarto, etc.

Artritis y artritis reumatoide

La artritis, esa enfermedad inflamatoria de las articulaciones que martiriza a millones de personas de edad avanzada en los países desarrollados, no es más que la degeneración del sistema que, en la juventud y en algunas personas privilegiadas o que mantienen un régimen sano de vida, nos permite disfrutar de unos sistemas articulares perfectamente dotados para el movimiento. Los focos artríticos, bolsas inflamatorias que hacen de cualquier desplazamiento o esfuerzo físico un verdadero suplicio, surgen bajo la acción oxidante continuada de los radicales libres.

Es una verdadera lástima que tantas y tantas personas se vean condenadas a una vida de sufrimiento y de medicación, cuando no existe curación definitiva posible de la artritis si no son adoptadas las medidas necesarias para combatir estos temibles átomos libres.

Daños cerebrales

Los daños cerebrales por falta de oxigenación a causa de un fallo en el riego sanguíneo, al igual que en el caso del corazón, son consecuencia directa del acartonamiento y estrechamiento de las arterias encargadas de irrigar el cerebro. Tanto la apoplejía como la embolia son, una vez más, algunos de los estragos de los radicales libres, esta vez en nuestro cerebro.

Del mismo modo, estudios realizados sobre la enfermedad de Parkinson, caracterizada por la degeneración de la sustancia negra del cerebro, revelan la influencia determinante de la presencia de átomos libres capaces de dañar la parte media de la masa cerebral.

Envejecimiento cutáneo

Si bien el envejecimiento de la piel (arrugas, «manchas» de la edad, etc.) no constituye una patología por sí mismo, sí es cierto que es fuente de problemas psíquicos tanto en hombres como en mujeres, así como de importantes gastos en productos cosméticos que se cuentan por miles de millones de pesetas anuales.

Del mismo modo que las células que forman nuestros órganos y sistemas internos envejecen bajo la acción de los radicales libres, también lo hacen las células cutáneas. Agresiones productoras de átomos libres como la exposición a los rayos solares sin protección, el tabaquismo, la mala alimentación o el consumo de tóxicos, dejan a nuestra piel sin las sustancias necesarias para su hidratación y elasticidad. La consecuencia de ello son, claro está, las arrugas prematuras y más adelante los trastornos de la pigmentación.

Cómo defendernos de los radicales libres: los antioxidantes

¿Qué solución hay, entonces, para mantener la salud sin ser víctimas de los radicales libres?, ¿existe realmente algún modo de evitar su daño en medio de tal avalancha? La respuesta es sí, es posible anular los efectos nocivos de estos átomos sueltos de dos sencillas maneras: a) evitando en la medida de lo posible la exposición a los factores de riesgo, y b) buscando e introduciendo en nuestra alimentación aquellas sustancias capaces de anular la reacción de oxidación de los radicales libres.

En cuanto al punto *a)*, ya hemos visto dónde se ocultan los radicales libres: luz ultravioleta, tóxicos, etc. Para eludir el contacto directo con los agentes productores de átomos libres oxidantes, les animo a repasar una vez más los capítulos dedicados a la alimentación, el sol, la atmósfera y las radiaciones: allí encontrarán consejos que estoy segura les serán ciertamente útiles.

Respecto al punto *b)*, existen sustancias naturales presentes en algunos alimentos y productos vegetales que, por sí mismas, pueden frenar la cadena oxidatoria de los átomos libres: son los antioxidantes. Éste es un hecho de suma importancia que debería tenerse en cuenta siempre, no sólo en vista de mantener la buena salud y evitar el envejecimiento celular sino incluso, y me atrevería a decir que especialmente, en caso de enfermedad.

Aunque existen muchos antioxidantes de sintetización, algunos de los cuales son utilizados profusamente por la industria alimentaria, nosotros nos serviremos exclusivamente de aquellos que se presentan en la naturaleza en estado original, ya que sólo éstos son aprovechables y digeribles por el ser humano. Estos «compuestos de la salud» pueden dividirse en tres grupos fundamentales: vitaminas A, C y E, enzimas y algunas sustancias vegetales como los fenoles y los flavonoides.

Vitaminas A, C y E

Éstas son las tres vitaminas llamadas «de la juventud» por su alto poder para unirse a los átomos libres y evitar la oxidación celular. De extraordinario valor, deberían estar presentes en todo momento en nuestra dieta diaria.

Vitamina A

Presente en los alimentos en forma de betacaroteno o provitamina A, y posteriormente transformado en el hígado en vitamina A, este poderoso antioxidante es el responsable de la óptima salud de nuestro sistema óseo, mucosas y piel; asimismo, protege la visión y la córnea ocular, a la vez que es considerado como una de las más potentes vitaminas en la prevención del cáncer.

Los alimentos que más cantidad de betacaroteno contienen son los derivados lácteos (leche, mantequilla, queso, yogur, etc.), la yema de huevo, las verduras verdes y rojas, los tomates, los pimientos rojos y, por supuesto, la excelente zanahoria. Tengamos en cuenta, por ejemplo, que un vaso de 200 centilitros de zumo de zanahoria contiene diez veces la cantidad mínima diaria de provitamina A recomendada por la OMS.

En el caso de la vitamina A, no recomiendo, en principio, tomar suplementos farmacológicos ya que podemos correr el riesgo de sobredosificarnos (la vitamina A no es soluble en el agua, por tanto no se elimina con facilidad). Por el contrario, introduciendo en nuestra alimentación una buena cantidad de verduras y vegetales carotenados tendremos la certeza de que jamás nos excederemos en su ingestión, a la vez que proporcionaremos a nuestro cuerpo enzimas y materias de arrastre –fibras– sumamente valiosas para la salud.

Vitamina C

La vitamina C, o ácido ascórbico, es también un poderoso antioxidante, afortunadamente cada vez más conocido y utilizado en nuestra sociedad. En efecto, la vitamina C protege de las infecciones reforzando nuestro sistema inmunológico, ejerce efectos demostrados en las patologías artrósico-reumáticas, ayuda en los períodos de convalecencia, fortalece nuestros huesos, dentadura y encías, retrasa el envejecimiento de la piel, e incluso parece jugar un importante papel en el mantenimiento de la buena salud de nuestras neuronas y su sinapsis.

Muchos alimentos vegetales en estado crudo aportan importantes cantidades de vitamina C: todos los cítricos (naranjas, limones, pomelos, kiwis, etc.), frutas frescas en general, pimientos, brécol, patatas, coles, cebollas, tomates, etc. Podríamos decir que todo el reino vegetal posee una buena cantidad de vitamina C en su interior dispuesta para ser consumida.

La vitamina C es soluble en el agua, es decir, su exceso se elimina con facilidad. Esto implica una casi atoxicidad absoluta. Estudios realizados en la última década (véanse los de L. Pawling) ha demostrado que pueden llegar a consumirse cantidades del orden de los 10 gramos sin efectos secundarios. No olvidemos que el ser humano, como el resto de los simios hervíboros, es incapaz de fabricar por sí mismo el ácido ascórbico y necesita introducirlo en su organismo desde el exterior. Si tenemos en cuenta que nuestro sistema digestivo es similar (¡prácticamente idéntico!) al de estos animales y que un chimpancé, por ejemplo, consume diariamente entre 6 y 12 gramos de vitamina C dependiendo de la clase de fruta y verdura ingerida, deduciremos con facilidad que una cantidad de un gramo al día al menos será la mínima para mantenernos bien nutridos.

Por otra parte, sustancias como el tabaco, el café, el ácido acetilsalicílico, la contaminación atmosférica o algunos medicamentos, destruyen la vitamina C en el organismo. De igual modo, la cocción deja esta vitamina inerte y sin valor alguno. Por ello, recomiendo el consumo de frutas y verduras crudas de modo habitual, así como la toma de algún suplemento del orden de uno o dos gramos de vitamina C diarios, de los que descansaremos una semana de cada cuatro.

Vitamina E

También llamada tocoferol, esta sustancia completa la tríada de vitaminas antioxidantes. Es una buena protectora de la membrana celular e impide el ataque de los radicales libres y por tanto su degeneración. Participa en muchos procesos corporales y está considerada la vitamina antiesterilidad por excelencia. Si bien no puede afirmarse que las personas estériles tengan su panacea en la vitamina E, sí es cierto que múltiples trastornos de los órganos de reproducción (fundamentalmente, los de la mujer: trastornos menstruales, menopausia, etc.) responden muy bien al tratamiento con esta vitamina. De igual manera, estudios realizados sobre individuos sometidos a un fuerte campo electromagnético o de radiación que presentaban deficiencias ovulatorias o espermatozoicas, demostraron la virtud del tocoferol como tratamiento alternativo, evidenciando la gran capacidad de la vitamina E para contrarrestar la acción degenerativa de los radicales libres.

Para las personas convalecientes de un ataque cardíaco, la vitamina E se constituye en una terapia de primer orden ya que no sólo evita la acumulación de placas en las arterias sino que también combate la tromba de radicales libres que se producen en el organismo tras un infarto. Es imprescindible, pues, que se comience un tratamiento con una cantidad de entre 200 y 400 miligramos diarios de tocoferol desde el primer día del ataque y durante un mínimo de 15 días, y posteriormente con una dosis de 100 miligramos diarios como mantenimiento. Si usted está siguiendo un tratamiento con anticoagulantes orales, consulte con su médico la posibilidad de combinar ambos tratamientos.

Aunque se habla de un consumo diario de 10 miligramos de tocoferol como suficiente para una persona media, es probable que en caso de exposición excesiva a los agentes productores de radicales libres, sea conveniente la toma diaria de entre 50 y 100 miligramos No olvidemos que nuestro organismo echa mano de sus reservas de vitamina E (al igual que de A y C) para enlazar los átomos sueltos oxidantes y cuanto mayor sea la cantidad de radicales libres mayor será la necesidad de antioxidantes para combatirlos.

Algunos alimentos ricos en vitamina E son los aceites vegetales, los frutos secos, los huevos, etc. Si desea tomar un suplemento farmacéutico, tenga en cuenta que esta vitamina no es soluble en el agua, de modo que no debe sobrepasar las dosis recomendadas en este apartado.

Enzimas

Cuando hablamos de enzimas nos estamos refiriendo a una serie de proteínas mediadoras de las reacciones químicas. La mayor parte de los procesos orgánicos están catalizados por estas enzimas. Esto y su aptitud para transformar los radicales libres en otros compuestos menos peligrosos son las claves de la enorme importancia de las enzimas.

Algunas de ellas son producidas por el mismo organismo. Sin embargo, la gran demanda enzimática procedente de la exposición a las fuentes de producción de radicales libres hace imprescindible aportar enzimas desde el exterior. ¿Cómo conseguirlas?: por medio de los vegetales crudos.

Todas las frutas, verduras, hortalizas, legumbres, tubérculos, etc., poseen una considerable cantidad de enzimas naturales sumamente activas. Estas enzimas se destruyen o quedan inactivas bajo la acción del calor intenso: sólo los vegetales crudos pueden aportarnos estas valiosas sustancias.

La alimentación actual es bastante pobre en productos de la huerta en estado natural. Apenas una exigua ensalada o una pieza de fruta se consideran más que suficientes para una nutrición adecuada, y sin embargo nada más lejos de la realidad. Al menos una cuarta parte de la alimentación total diaria debería estar compuesta por vegetales crudos: abundantes ensaladas, frutas frescas, frutos secos sin tostar, etc., tendrían que suponer un mínimo de un cuarto del peso (ojo: no del volumen) de nuestras comidas.

Otra buena manera de suministrarnos enzimas naturales extra es cocinando los platos vegetales «al salteado». Este método consiste en cocinar las verduras troceadas en una sartén o similar durante un máximo de 3 o 4 minutos, de modo que al consumirlas aún estén crujientes. De esta manera, y aunque el exterior del fruto haya perdido su valor principal, en el centro de cada pedazo todavía se conserva buena parte de las enzimas aún activas. Ésta es la manera oriental (cocina china) de cocinar tanto los productos vegetales como los mismos pescados, y no olvidemos que la cultura china es una de las que aportan los individuos más longevos de nuestro planeta.

El poder de los zumos

Una valiosa ayuda para lograr un excelente aporte enzimático son los zumos; tanto de frutas como de verduras, constituyen una inyección de enzimas naturales, vitaminas y minerales de inestimable valor. Si le cuesta tomar grandes cantidades de vegetales crudos, no dude en adquirir una buena licuadora: será una excelente inversión en salud.

No quisiera finalizar este apartado sin sugerirle una serie de zumos vegetales que respetan las leyes de las combinaciones alimenticias y que le aportarán además importantes cantidades de vitaminas (entre ellas, la antioxidante C):

- Naranja (70%) + kiwi (20%) + pomelo (10%).
- Mandarina dulce + uva, a partes iguales.
- Fresa + piña, a partes iguales.
- Melocotón (50%) + pera (25%) + naranja dulce (25%).
- Manzana + zanahoria, a partes iguales.
- Manzana (50%) + lechuga (30%) + pencas (20%) (tallos de acelga).
- Zanahoria + tomate + col, a partes iguales.
- Manzana (60%) + patata (30%) + pimiento (10%); este zumo, de alto poder remineralizante.

Flavonoides, aceites esenciales, fenoles y derivados

Dentro del vasto mundo del reino vegetal, existe una serie de plantas en cuya composición aparecen sustancias aromáticas y volátiles (fenoles, ácidos fenólicos, aceites esenciales, etc.) y pigmentos amarillos (flavonoides) que, según los últimos estudios, parecen tener la propiedad de actuar como antioxidantes. Estos compuestos están presentes en algunos frutos y vegetales, así como en buena parte de la amplia gama de las llamadas plantas medicinales. Esto sería suficiente para explicar el extraordinario poder curativo y regenerador de las hierbas medicinales utilizadas desde la Antigüedad hasta nuestros días. Sus derivados, los medicamentos químicos, aíslan y sintetizan uno u otro de los principios activos de la planta administrándonoslo en grandes dosis y, no pocas veces, causándonos importantes efectos secundarios: los fármacos, tan similares a las plantas medicinales como lo es el aceite sintético de motor al aceite de oliva, carecen de poder antioxidante.

De igual modo, esto desvelaría el misterio del ya reconocido efecto preventivo sobre las enfermedades cardíacas, e incluso sobre el desarrollo de tumores malignos, de la uva negra: su alto contenido en flavonoides, y debido a la virtud antioxidante de éstos, hace de la uva negra un alimento antirradicales libres de primer orden.

Por este mismo motivo puede afirmarse que las plantas medicinales ricas en flavonoides y compuestos fenólicos preservan la salud y protegen nuestro ADN de mutaciones indeseables. La fitoterapia se revela, pues, como una excelente medicina curativa y preventiva que deberíamos desempolvar y sacar de nuestro «cajón de la abuela» para devolverle la importancia que hace unas décadas poseía.

Ciertamente, sería un poco tedioso relacionar todas y cada una de las plantas medicinales que presentan antioxidantes en su composición, sus proporciones y clasificación. Mucho más práctico será ofrecerles una serie de hierbas seleccionadas por su alto contenido en sustancias fenólicas y flavonoides y por su facilidad para ser adquiridas en cualquier herboristería o establecimiento especializado. De igual forma, en cada una de ellas explicaremos los usos medicinales específicos: de este modo usted podrá escoger aquella o aquellas que mejor se adapten a su estado físico y así aprovechar al máximo los beneficios de cada hierba.

El método más sencillo de administración de las plantas medicinales, y el que yo le recomiendo en este momento, es la infusión. En ella se utiliza la hierba ya seca y su preparación es muy sencilla: en un vaso de agua hirviendo (mejor filtrada o mineral) se vierte una cucharadilla de la planta seca y bien troceada, se deja reposar unos diez minutos aproximadamente, se filtra y se toma endulzada con miel o simplemente sola. Si su objetivo es exclusivamente proveerse de antioxidantes para combatir los efectos perniciosos de los radicales libres, una tacita de infusión por día será suficiente. Si además padece alguna patología, puede servirse de la fitoterapia para mejorar su estado de salud; en este supuesto le insto a consultar un buen libro especializado,* aunque la dosis media para un tratamiento herbal es de 3 tacitas de infusión por día: mañana, tarde y noche.

Una última recomendación es que siempre, tanto si sigue una terapia con hierbas como si se limita a una dosis diaria, descanse una semana de cada cuatro, es decir, 7 días al mes. Esto impedirá toda posibilidad (que, por otra parte, suele ser remota) de acomodación del organismo a las sustancias activas, con lo que nos

* A este efecto puede serle útil mi libro *Plantas que curan*, Ediciones Robin Book, 1998.

aseguraremos siempre una perfecta acción de los principios esenciales de las plantas.

Plantas medicinales de alto valor antioxidante

ABRÓTANO ≋ Rico en flavonoides.
Acción terapéutica: retrasos menstruales, dispepsia y gases intestinales.

ACIANO ≋ Rico en flavonoides.
Acción terapéutica: diurético, antihemorrágico, antirreumático, trastornos de la conjuntiva del ojo (por vía externa).

ALBAHACA ≋ Estragol, lineol, linalol y otros aceites esenciales.
Acción terapéutica: digestiva, estomacal, fortalecedora de las glándulas suprarrenales y el sistema nervioso.

AMOR DE HORTELANO (sin.: azotalenguas) ≋ Flavonoides.
Acción terapéutica: diurético, renal. Localmente cicatrizante. Antipsoriásico.

ANÍS ≋ Anetol, estragol.
Acción terapéutica: estomacal, gases gastrointestinales, diurético, espasmos bronquiales.

ARTEMISA ≋ Cineol.
Acción terapéutica: digestiva, reguladora de la menstruación.

BOLDO ≋ Eucaliptol, cimol, ascaridol.
Acción terapéutica: estimulante y regenerador hepático, cálculos biliares, reumatismo.

CALÉNDULA ≋ Flavonoides.
Acción terapéutica: úlceras gastroduodenales. Localmente cicatrizante y antiséptica.

CAMEDRIO (sin.: encinilla) ≋ Ácidos fenoles y flavonoides.
Acción terapéutica: falta de apetito, bronquitis, sudorífico, febrífugo, antirreumático, digestivo.

CANELA ≋ Eugenol, cineol, safrol.
Acción terapéutica: antiséptica tanto interna como externamente, digestiva, antiparásitos intestinales.

CARIOFILADA (sin.: hierba de San Benito o benedictina) ≋ Eugenol.
Acción terapéutica: antidiarreica, antihemorrágica.

CATARIA (sin.: hierba gatera) ≋ Mentol, carvacrol, timol.
Acción terapéutica: sedante nervioso, menstruaciones dolorosas, migrañas. Localmente antihemorroides.

CEBOLLA ≋ El bulbo contiene flavonas.
Acción terapéutica: antiinfecciosa, desinfectante de las vías digestivas, diurética, antirreumática, remineralizante.

CLAVO ≋ Especia rica en eugenol.
Acción terapéutica: utilizado con moderación es antiséptico, estomacal y antineurálgico.

CULANTRO ≋ Coriandrol, cineol, geraniol.
Acción terapéutica: expulsa las flatulencias, digestivo, antirreumático.

CUSCUTA ≋ Flavonoides.
Acción terapéutica: laxante, estimulante hepático y biliar.

ENEBRO ≋ Canfenol, terpineol, glucósidos flavonóidicos.
Acción terapéutica: desinfectante de las vías urinarias (cistitis), expectorante bronquial, estomacal, depurativo.

ERIGERON (sin.: té de roca) ≋ Flavonoides y terpineol.
Acción terapéutica: gota, reumatismo, antidiarreico.

ESPINO BLANCO ≋ Flavonoides.
Acción terapéutica: tónico cardíaco (palpitaciones, arritmias), combate el insomnio.

ESTRAGÓN ≋ Estragol, cavicol.
Acción terapéutica: desinfectante del sistema gastrointestinal, estimulante del apetito, digestivo, favorece la menstruación.

EUCALIPTO ≋ Eucaliptol, eudesmol.
Acción terapéutica: antitusígeno, desinfectante de las vías respiratorias, febrífugo, bactericida.

EUPATORIO ≋ Flavonoides.
Acción terapéutica: estimulante hepático y biliar, estimulante de las defensas orgánicas, ligeramente laxante.

FRAMBUESO (sin.: mora de montaña) ≋ Flavonoides.
Acción terapéutica: antidiarreico, inflamaciones intestinales.

GALIOPSIS (sin.: hierba de los judíos) ≋ Flavonoides.
Acción terapéutica: remineralizante y antianémico, diurético.

HERNIARIA (sin.: quebrantapiedras) ≋ Flavonoides.
Acción terapéutica: cistitis, inflamaciones de la próstata, cálculos renales, bronquitis.

HISOPO ≋ Ácidos fenoles, glucósidos flavonóidicos.
Acción terapéutica: expectorante (bronquitis), digestivo, favorece la menstruación, sedante nervioso.

LAUREL ≋ Cineol, geraniol, lineol.
Acción terapéutica: digestivo, antirreumático.

LAVANDA (sin.: espliego) ≋ Linalol, geraniol, cineol y ácidos fenoles.
Acción terapéutica: depresión, nerviosismo, migrañas nerviosas, flatulencias, diurética, hipotensora.

LIMÓN ≋ Su fruto contiene linalol y esencias.
Acción terapéutica: poderoso bactericida, hipotensor, tónico cardíaco, anticolesterolhémico, antirreumático, estimulante hepático.

LLANTÉN ≋ Flavonoides.
Acción terapéutica: diurético, úlceras gástricas, hemorroides, expectorante bronquial.

MEJORANA (sin.: orégano mayor) ≋ Flavonoides, borneol.
Acción terapéutica: favorece el sueño, diurética, antimigraña.

MELILOTO (sin.: trébol de San Juan) ≋ Flavonoides.
Acción terapéutica: varices, tromboflebitis, nerviosismo (sedante nervioso).

MELISA (sin.: toronjil) ≋ Geraniol, linalol.
Acción terapéutica: sedante nervioso, relajante, calmante (antiespasmódica), estomacal, expulsa los gases intestinales.

MENTA (menta piperita) ≋ Mentol.
Acción terapéutica: estomacal, desinfectante gastrointestinal, antiséptica, antimigraña.

ORÉGANO ≋ Flavonoides, timol, carvacrol, ácidos fenoles.
Acción terapéutica: estomacal, evita las fermentaciones intestinales, desinfectante interno, parasiticida, expectorante.

PASIFLORA (sin.: pasionaria) ≋ Flavonoides y glucósidos flavonóidicos.
Acción terapéutica: sedante nervioso, facilita el sueño, calma las taquicardias nerviosas, vasodilatadora.

ROMERO ≋ Cineol, lineol, ácidos fenoles.
Acción terapéutica: estimulante hepático, favorece el flujo biliar, antidiarreico, antirreumático, estimula la circulación sanguínea, tónico, antidepresivo, parasiticida, estomacal, sudorífico.

SERPOL ≋ Cimol, timol, carvacrol.
Acción terapéutica: desinfectante gastrointestinal, digestivo, expectorante, calmante (antiespasmódico).

TILO ≋ Farnesol.
Acción terapéutica: antitusígeno, sudorífico, calmante nervioso, digestivo.

TOMILLO ≋ Borneol, linalol, timol, carvacrol.
Acción terapéutica: desinfectante intestinal, antiputrefacciones, expulsa los gases, facilita la menstruación, estomacal, sudorífico, antiséptico pulmonar.

ZANAHORIA ≋ Su fruto contiene flavonoides.
Acción terapéutica: antidiarreica, regeneradora gastrointestinal, remineralizante, estimulante hepática.

ZARZAL (sin.: bardal) ≋ Flavonoides.
Acción terapéutica: astringente, antidiarreico, diurético, renal, antihemorroidal.

7. Un mal de nuestros días: el sedentarismo

La sociedad en la que vivimos es eminentemente sedentaria. Máquinas y aparatos domésticos como el coche, el teléfono, los ascensores, la televisión, etc., son elementos que condicionan irremediablemente nuestra vida diaria y nos llevan cada vez más hacia una inactividad física, en ocasiones casi absoluta. No menos trascendente es el tipo de trabajo: cerca del 90% de los habitantes de las ciudades medias/grandes ejercen su profesión durante 8, 9 o más horas al día prácticamente inmóviles, bien sentados en su oficina o empresa, bien de pie tras un mostrador.

No existe salud sin movimiento. El ser humano es un animal diseñado para desarrollarse en un entorno en el cual el ejercicio físico desempeñaría un papel preponderante, y es precisamente por esto por lo que nuestros músculos están diseñados para crecer con el esfuerzo, del mismo modo que nuestra estructura ósea y nuestro sistema locomotor se diferencian muy poco del de los atléticos y activos primates. Por mucho que ciertas personas parezcan mantener la teoría de que el hombre es pariente cercano de la oruga (por su actitud «arrastrante»), lo cierto es que el ser humano precisa de ejercicio. Y, además, de ejercicio diario.

Los males del sedentarismo son innumerables: disminución de la capacidad aeróbica (uso y aprovechamiento del oxígeno), laxitud, astenia, cardiopatías, deficiencias funcionales de las glándulas internas, trastornos hormonales, hepatopatías, problemas intestinales, patologías de la columna vertebral, enfermedades degenerativas, nerviosismo, angustia, y un largo etcétera. Salvo contadas excepciones, puede decirse que no hay enfermedad que no empeore con la inactividad y que por el contrario no mejore con el ejercicio físico adaptado a las necesidades de cada individuo.

No podemos esperar gozar de una buena calidad de vida si persistimos en llevar una existencia sedentaria mientras vemos, a veces con increíble desinterés, cómo nuestro cuerpo se va convirtiendo en una pesada carga para nosotros y nuestra salud.

Pero ¿qué es entonces eso tan importante que se produce cuando realizamos un esfuerzo físico?

El organismo ante el ejercicio

El lugar de partida de cualquier actividad física es el cerebro. Sin la colaboración de los impulsos eléctricos de la corteza cerebral, es decir, sin su «orden» hacia una red de filamentos nerviosos conectados con la médula espinal, cualquier actividad sería imposible. Tras esta breve escala, el impulso continúa hasta llegar al músculo, órgano del movimiento compuesto por una serie de células (fibras musculares) con gran capacidad de elasticidad y crecimiento, donde se provoca una contracción.

Para que el músculo sea capaz de contraerse es necesaria una cierta cantidad de energía, aportada en primer lugar por los carbohidratos de nuestra alimentación y en segundo lugar por las grasas. Sólo en casos extremos las proteínas pueden llegar a descomponerse para ser utilizadas. Las reacciones químicas que tienen lugar para emplear de una manera productiva estos productos alimenticios, producen el llamado ATP (trifosfato de adenosina), sustancia aprovechada por todas las células del cuerpo y absolutamente imprescindible para producir las contracciones musculares que nos permiten desarrollar una actividad física (de este modo, cada vez que el compuesto ATP libera un átomo de fósforo, el cuerpo consume unas siete kilocalorías).

Una vez comenzada la cadena de contracciones y distensiones musculares que implican el ejercicio físico, nuestro organismo empieza a sufrir otros cambios importantes. El primero y más evidente es la alteración del sistema cardiovascular.

El corazón, potente y resistente órgano de tejido similar al muscular, bombea en reposo entre 60 y 75 veces cada sesenta segundos, es decir, nuestra sangre recorre todo nuestro cuerpo unas 70 veces por minuto. Al realizar algún esfuerzo físico, la velocidad de los impulsos aumenta, llegando a las 100-120 pulsaciones con el ejercicio moderado. El fin de este aumento de la velocidad de recorrido de la sangre es lograr un suministro correcto de oxígeno y nutrientes a todas las células regadas por el torrente sanguíneo. Evidentemente, estas células son revitalizadas por tal aporte, y si tenemos en cuenta que dichas unidades celulares incluyen nuestros órganos internos (hígado, estómago, pulmones, etc.) así como nuestro cerebro, comprenderemos el beneficio de la actividad física regular.

También el aparato respiratorio experimenta un cambio sustancial. Debido a que el fundamento de la respiración es mantener la composición del aire que llega a los alvéolos, es preciso que durante el esfuerzo la ventilación aumente su ritmo y su profundidad. De inspirar unos 10 litros por minuto en condiciones normales de reposo, podemos llegar sin problemas a cantidades que oscilan entre los 50 y los 100 litros por minuto durante el ejercicio. Esto implica un mayor aporte de oxígeno a las células, a la vez que, gracias al mayor volumen de sangre y de aire inspirado, se abren capilares sanguíneos que antes estaban cerrados. Las consecuencias de ello son un aumento en la oxigenación de todo el organismo y por tanto un mayor caudal de salud para todo él.

Nuestro sistema hormonal también reacciona a la actividad física. Tal vez por recibir un aporte de oxígeno suplementario, tras algunos minutos de actividad física continuada comenzamos a producir dos importantes hormonas: la epinefrina y la norepinefrina. Ellas son las responsables de la transformación del glucógeno en glucosa, del aumento de la frecuencia cardíaca, así como de la liberación de las moléculas de ácidos grasos del tejido adiposo, algo de extrema importancia para el que desea eliminar algunos kilos de más. De la misma manera, la glándula tiroides eleva la elaboración de tiroxina, hormona que hace subir el nivel del metabolismo. También en la hipófisis se segregan hormonas masculinas (también las mujeres las tenemos, aunque en menor cantidad), hormonas encargadas de hacer crecer la musculatura a fin de prepararla para resistir cada vez más esfuerzo físico.

Pero esto no es todo. El cerebro se beneficia igualmente de este aporte extra de sangre/oxígeno e inicia una producción especialmente beneficiosa para nuestra salud mental: la fabricación de endorfinas. Estas sustancias de similitud molecular con los opioides (morfina, heroína, etc.) son, sin embargo, totalmente inofensivas y naturales, siendo también las responsables directas de nuestro estado de ánimo: a mayor cantidad de endorfinas elaboradas por el cerebro, mayor bienestar, tranquilidad y hasta una cierta euforia. Podría afirmarse sin temor a errar que nadie que haga ejercicio de una manera regular puede sentirse ansioso o desdichado. Las endorfinas son la «droga natural de la felicidad» y manan por nuestro organismo como un torrente de alegría tras solamente unos días de entrenamiento regular.

Por último, mencionaremos el aumento de la temperatura corporal que implica la realización de un esfuerzo continuado. Para regular dicha temperatura, el organismo recurre a un perfecto sistema de autorregulación como es el sudor. El sudor tiene como objetivo enfriar la piel por evaporación, pero además arrastra sustancias tóxicas acumuladas y es un excelente depurativo del organismo. Las sales minerales perdidas junto con el agua expulsada (sodio, magnesio, potasio, etc.) son fácilmente recuperables bebiendo un agua mineral de calidad al terminar la sesión de ejercicio o, mejor aún, tomando un buen zumo de frutas y/o verduras (con lo que además aportaremos a nuestro organismo azúcares de alto valor biológico).

Los beneficios de la actividad física

Debido a todas las reacciones fisiológicas que produce en el organismo humano, el ejercicio se constituye en una fuente inagotable de salud para todo aquel que lo practica de manera regular y, por supuesto, según sus condiciones y posibilidades físicas. Si bien casi todo el mundo está de acuerdo con que el ejercicio es una actividad saludable, pocos son conscientes de sus beneficios concretos traducidos en nombres y números, así como en enfermedades puntuales. Éste es el hecho por el cual muchas personas no llegan a seguir un programa de entrenamiento corporal, ya que la falta de información precisa y concreta (lamentablemente en nuestras escuelas la materia de educación física ha sido y aún es una «asignatura basura») lleva a considerar la actividad física como algo etéreo y sin demasiadas aplicaciones prácticas. Vamos a ver ahora cómo la actividad física mejora, perfecciona y hasta sana nuestro cuerpo y, por qué no, nuestra mente.

El sistema cardiorrespiratorio

Podría decirse que el complejo pulmones-corazón es el motor de todo ejercicio físico.

Ya vimos que cuando se realiza una actividad corporal de cierta intensidad, el corazón comienza a bombear la sangre a más velocidad. Del mismo modo, los pulmones incrementan su actividad para lograr la buena oxigenación de todo el organismo. Pues bien, este esfuerzo correctamente dosificado es el mejor preventivo para las enfermedades cardíacas y resulta prácticamente imprescindible en la recuperación de los pacientes que han sufrido alguna cardiopatía coronaria.

El corazón es un músculo y por lo tanto debe ser ejercitado de manera regular. De igual forma que en los deportistas de elite (futbolistas, corredores de fondo, etc.) el corazón es capaz de hipertrofiarse y aumentar patológicamente de tamaño por el número de horas diarias que éstos dedican a un esfuerzo intenso, un ejercicio moderado y progresivo es capaz de fortalecer este músculo, tonificar sus venas y hacerle, en fin, resistente a cualquier intento de fallo en su funcionamiento. Respecto a las cardiopatías graves como la angina de pecho o el temido infarto, la necesidad de robustecer el corazón a partir de los 35 años es tan importante como importante sería la fuerza de sus brazos si a usted alguien en el momento menos pensado le pusiera una pistola en el pecho y le amenazara con disparar si no levanta del suelo un saco con 50 kilos de patatas. El infarto es tan traidor como el pistolero del ejemplo y usted debe estar preparado para hacer frente a sus exigencias cuando sea preciso.

El ejercicio se revela también como un importante regulador de la presión arterial, máxime cuando se trata de reducir los valores altos y estabilizar la misma.

También la composición de nuestro líquido vital, la sangre, se beneficia de la actividad física. Veamos, por ejemplo, cómo el deporte reduce los niveles de colesterol y triglicéridos en ella, del mismo modo que incrementa la cantidad y sobre todo la capacidad de oxigenación de los hematíes (glóbulos rojos).

En lo que se refiere al sistema respiratorio, el ejercicio incrementa la capacidad de captación del oxígeno, desarrolla la capacidad torácica y pone en funcionamiento miles de alvéolos pulmonares que permanecen inactivos en reposo, despejándolos y librándolos de aire estancado.

La captación de oxígeno, o capacidad aeróbica, puede medirse en ml/kg (mililitros de oxígeno por kilogramo de peso). La persona sedentaria de mediana edad aprovecha menos de 20 ml/kg. Si comenzamos a estudiar la mejora en el rendimiento aeróbico conforme se va desarrollando una actividad física regular, veremos que tras dos meses de un programa de caminatas (unos 3 km diarios) la captación del oxígeno se incrementa hasta 30 ml/kg. Si seguimos adelante y pasamos a realizar un plan de caminar/correr los mismos kilómetros al día, la capacidad aeróbica aumenta hasta los 40 ml/kg. Por supuesto, deportes como la natación, el tenis o la bicicleta son capaces de desarrollar la capacidad de aprovechamiento del oxígeno de cualquier individuo de salud y edad media hasta 50 o más ml/kg.

Patologías relacionadas que mejoran con el ejercicio

Arteriosclerosis

La arteriosclerosis se caracteriza por la acumulación en la capa interna de las arterias de productos tales como nódulos fibrosos, colesterol, sales de calcio, etc. Este revestimiento interno puede llegar a obstruir total o parcialmente una o más arterias, con lo que los órganos que deberían ser irrigados sufren de esta manera una necrosis más o menos profunda. Cuando el órgano afectado es el corazón, se produce la temida cardiopatía coronaria y por tanto, antes o después, el infarto de miocardio.

Pues bien, el ejercicio regular es capaz de prevenir la arteriosclerosis y de mejorar la ya existente gracias a dos acciones terapéuticas fundamentales: el fortalecimiento tanto del músculo cardíaco como de la buena circulación sanguínea, y el control del colesterol.

Colesterol

El colesterol es una sustancia natural sintetizada por el hígado y que el organismo utiliza para fines tan importantes como, por ejemplo, la correcta producción hormonal. El ser humano no podría vivir sin colesterol. Sin embargo, este compuesto que en concentraciones inferiores a 250 mg/mil resulta inocuo e incluso beneficioso cuanto más se acerquen los valores a 200, puede convertirse en patológico tanto más cuanto se acerque a niveles tan peligrosos como los 300 o más.

Otra sustancia grasa directamente relacionada con el colesterol son los llamados triglicéridos: representan más de un 90% de nuestras grasas almacenadas y su presencia excesiva en la sangre (más de 170 mgs%) origina tantos o más problemas que el propio colesterol.

Tanto los triglicéridos como el colesterol tienen la «irritante costumbre» de colocar sus excedentes recubriendo la capa interna de las arterias. Como vimos en el apartado anterior, esto es una amenaza especialmente grave para la salud, ya que puede obstruir alguna de nuestras arterias principales.

La actividad física es una terapia en sí misma para reducir los niveles de colesterol y triglicéridos en sangre. Muy significativos son los resultados de un valioso estudio realizado sobre un grupo humano de muestra (hombres y mujeres de entre 18 y 35 años) en los laboratorios de una importante multinacional de la alimentación en Estados Unidos (1984). Estas personas fundamentalmente sedentarias comenzaron un programa de actividad física moderada (trote combinado con tablas de gimnasia) hasta llegar a los 35 minutos diarios de ejercicio, donde comenzaron las mediciones. Hay que hacer notar que la alimentación de las personas del grupo de muestra no varió significativamente en este tiempo. Estos son los resultados, que resumimos muy brevemente en el siguiente esquema:

Actividad física: *Jogging* 35 min/día					
Media de colesterol en sangre del grupo escogido	242	236	223	215	208
Media de triglicéridos en sangre del grupo escogido	172	167	152	142	131
Tiempo de entrenamiento	0 días	30 días	3 meses	6 meses	9 meses

Podemos concluir, por tanto, que el ejercicio físico continuado y regular ayuda de manera importante a mantener bajos los niveles de triglicéridos y colesterol en la sangre.

Cardiopatías

Antiguamente, los enfermos del corazón cavaban su propia tumba al permanecer en cama con la errónea creencia de que el reposo evitaba la aparición del ataque de angina de pecho o de la taquicardia.

Hoy en día, entre los consejos que recibe todo paciente cardíaco de su médico especialista se encuentra el de que «se mueva». Evidentemente, al comienzo el ejercicio debe ser suave y uno de los mejores para ello es el simple caminar. Posteriormente y con el entrenamiento, cualquier enfermo podrá realizar suaves tablas de gimnasia e incluso breves paseos en bicicleta.

Si como curativo la actividad física es fundamental, como preventivo aún lo es más, ya que la persona sana puede realizar más esfuerzo sin peligro y así fortalecer más su músculo cardíaco.

Una de las claves por las cuales la práctica de cualquier deporte moderado es capaz de evitar los ataques cardíacos es el logro de la disminución del ritmo cardíaco, tanto en reposo como en actividad. El aumento de la eficacia en el trabajo del corazón por el entrenamiento progresivo nos lleva a una mayor capacidad de bombeo. Pongamos un ejemplo: si su ritmo cardíaco en reposo actualmente es de, digamos, 75 pulsaciones por minuto, y usted comienza a practicar regularmente algún tipo de ejercicio de intensidad media, es más que probable que tras dos breves semanas de entrenamiento su pulso en reposo pase a 70 o menos. Por supuesto, después de varios meses de ejercicio regular, podrá usted disfrutar sin problemas de las beneficiosas 60 pulsaciones por segundo. Del mismo modo, si en un comienzo usted tiene una frecuencia de 130 durante el ejercicio, tras unas semanas su ritmo cardíaco en la misma actividad disminuirá a 125, 120 e incluso menos.

Con el ejercicio físico, el corazón está mucho mejor preparado para afrontar cualquier adversidad, tanto en reposo (trombos, estrechamientos, etc.) como en movimiento (esfuerzo repentino).

Hipertensión

La hipertensión afecta al menos a uno de cada seis españoles mayores de 40 años. Sin embargo, no por habitual y casi endémica en nuestra sociedad la hipertensión es menos dañina, ya que entre sus estragos se cuentan las lesiones renales, las cerebrales y las cardíacas, muchas de ellas de extrema gravedad.

Usted es hipertenso si su presión máxima (sistólica) supera los 160 mm y su mínima (diastólica) sobrepasa los 95 mm. De encontrarse en este grupo, probablemente usted haya restringido su consumo de sal, de grasas y de tóxicos como el tabaco o el alcohol. Pues bien, si usted añade a esta dieta, por otra parte imprescindible, un programa de ejercicio físico diario, se beneficiará al cabo de pocas semanas de una importante bajada en su presión sanguínea, pudiendo reducir con facilidad sus valores máximos aproximadamente en un 10 %, es decir, si usted tiene una medición de 170-105 es muy probable que uno o dos meses después su presión haya disminuido hasta 153-95, o casi. Indiscutiblemente, los casos más graves de hipertensión deben ser revisados por el médico, siendo este colectivo de personas el que más dificultades tiene en responder con un progreso suficiente al programa de entrenamiento físico.

Es una lástima que el ejercicio no sea recetado como terapia para los pacientes de hipertensión, ya que de este modo tanto la Sanidad Pública como el mismo enfermo se beneficiarían de la disminución del volumen de medicamentos vendidos e ingeridos.

Resfriados, gripes y contagios

¿Quién no sufre, al menos una o dos veces al año, los penosos síntomas (congestión nasal, dolor de cabeza, tos, etc.) de un resfriado o una gripe? Respuesta: los deportistas.

Si observa usted atentamente una tarde cualquiera de invierno los caminillos de grava del parque de su ciudad, es muy probable que se encuentre a más de un hombre o mujer corriendo alegremente mientras de su nariz o su boca surge una y otra vez una nubecilla de vapor de agua. Tal vez, incluso, lo haga bajo la llovizna. Si mira un termómetro, es posible que vea con horror que se encuentran a 5 °C, puede ser que menos. Usted va abrigado hasta las orejas y sabe que si se le ocurre abrir la boca más de diez segundos, será víctima inexorable de un fuerte resfriado. ¿Cuál es la diferencia entre usted y esa persona que se aleja trotando entre los árboles?

El deporte, entendiendo por éste cualquier actividad física regular que nos obligue a mantener un esfuerzo, estimula las defensas naturales del organismo, haciendo a éste un valladar casi inexpugnable para la mayoría de los virus que pululan en nuestra atmósfera. Cada vez que hacemos circular la sangre con potencia y oxigenamos todo nuestro organismo, el sistema inmunológico recibe una inyección de vitalidad, siendo capaz de enfrentarse a los agentes patógenos externos con eficacia. Por extensión, la persona no sedentaria es también notablemente más resistente a infecciones de todo tipo, hasta el punto de encontrarse actualmente en estudio el porcentaje de incidencia de contagio del sida en distintos grupos de comportamiento humano, según su práctica deportiva, su alimentación, etc. (se trata de averiguar por qué personas igualmente expuestas al virus adquieren la enfermedad mientras que otras permanecen totalmente sanas).

El sistema óseo

Sin su sistema óseo el ser humano no pasaría de ser una triste masa con nula capacidad de movimiento. Afortunadamente, todos nosotros disponemos de una compleja e intrincada maquinaria ósea que nos permite caminar, estar erguidos, coger un objeto, etc. Es una lástima, sin embargo, ver cómo millones de personas en todo el mundo sufren deformaciones en los huesos que hacen de ellos inválidos prematuros. Cifosis, escoliosis, lordosis lumbares, desviaciones cervicales, debilidad de las articulaciones, etc., son algunos de los desórdenes directa o indirectamente provocados por la falta de un ejercicio físico adecuado. El sedentarismo, las malas posturas durante horas y la falta de un buen tono muscular que sostenga la columna vertebral son los culpables del 99% de las dolencias dorsales y lumbares de la población occidental.

No es posible disfrutar de una buena salud ósea sin realizar más esfuerzo que el desplazarse del sofá al coche y del coche al sofá. Nuestro cuerpo necesita actividad y movimiento, y en particular nuestro aparato locomotor está especialmente diseñado para ser utilizado y ejercitado regularmente.

Patologías relacionadas que mejoran con el ejercicio

Dolencias de la columna vertebral

Todas (y digo bien: todas) las dolencias que afectan a la columna vertebral son susceptibles de mejoría siguiendo un plan de ejercicios adecuados a ellas. Tanto aquellas que afectan a la zona cervical, como a la dorsal o la lumbar, experimentan una evolución positiva gracias a la «recolocación» ósea y al desarrollo de los músculos que rodean cada una de las vértebras afectadas. No hay espalda encorvada o lordosis lumbar que no cedan gradualmente ante el ejercicio programado.

En un buen gimnasio dotado de supervisión médica, podrán indicarle los ejercicios más adecuados a su padecimiento. Además, existen deportes que por sus características benefician toda la columna además de aportar el provecho inherente a la ejecución de un entrenamiento físico. Éste es, por ejemplo, el caso de la natación, poderoso ejercicio aeróbico (buen aprovechamiento del oxígeno) que equilibra, alinea y fortalece nuestra columna vertebral.

Los problemas cervicales responden muy bien a algunas posturas determinadas del hata-Yoga o «yoga del cuerpo». Estos ejercicios (existen muchos libros al respecto y numerosos centros dirigidos por buenos yoguis) por suaves, elastificantes y por proporcionar un buen estiramiento de las vértebras cervicales, son de gran ayuda para muchas personas que encuentran alivio en este método de cultivo corporal.

Reumatismo, artritis

Por desgracia, la mayoría de las veces nos ocupamos de la artritis o del reumatismo cuando éstos ya se han instalado de tal forma en nuestras vidas que éstas se han convertido en un completo sufrimiento. Mejor sería prevenir tales enfermedades desde la juventud, y un excelente método precautorio es, sin duda, la actividad física. Ésta moviliza las articulaciones, evita los depósitos cálcicos en ellas e incluso ejerce un notable efecto contra los procesos inflamatorios originados por bacterias, virus u hongos.

Como terapia curativa, el ejercicio diario y moderado en forma de paseos, gimnasia específica, etc., mejora las condiciones artrósicas y es hoy en día fervientemente recomendado por los médicos especialistas. De la misma manera, la actividad física regular es un buen modo de reducir los kilos superfluos que tan negativamente influyen con su peso sobre las articulaciones dañadas.

El sistema hormonal

La producción armónica de hormonas en nuestro organismo es de tal importancia que un desequilibrio importante en ellas podría conducirnos al desarrollo de graves enfermedades (trastornos cardíacos, del aparato reproductor, diabetes, etc.) e incluso a la locura.

En nuestros días es frecuente encontrar individuos cuyo sistema hormonal se haya desestabilizado, y no es raro que, tras el fallo de algunas de nuestras glándulas internas, otra se vuelva hiperactiva en un intento de compensar la deficiencia. Salvo que pongamos freno a esta situación, el camino hacia la pérdida de la salud será inexorable.

El ejercicio físico modula y regula la producción hormonal, estimulando cada glándula a que produzca las hormonas necesarias para el equilibrio orgánico. Durante el esfuerzo, por ejemplo, la corteza suprarrenal comienza a producir cortisol en importantes cantidades. Del mismo modo, adrenalina, noradrenalina, aldosterona, insulina, hormonas sexuales, tiroxina, e incluso la hormona del crecimiento, se liberan de un modo regular y proporcionado, con los beneficios que se derivan de ello.

Patologías relacionadas que mejoran con el ejercicio

Hipotiroidismo

El hipotiroidismo se caracteriza por la baja producción hormonal de la glándula tiroides. Una de sus manifestaciones más frecuentes es el bocio, engrosamiento de la glándula que permanece con una actividad deficiente; otras consecuencias de la escasez de la TSH (hormona estimulante del tiroides) son la obesidad, los trastornos ováricos, la astenia y la depresión, etc.

Durante el ejercicio físico, se produce un incremento proporcional al entrenamiento y al esfuerzo realizado, debido a la necesidad orgánica de controlar la frecuencia cardíaca. A su vez, la TSH es segregada con el fin de utilizar las grasas del tejido adiposo y producir energía. De esto se deduce, sin duda, que todas las personas con un bajo nivel de derivados tiroideos en la sangre pueden mejorar significativamente su equilibrio endocrino siguiendo un programa de entrenamiento físico.

Diabetes

Los enfermos insulinodeficientes deberían incluir en su tratamiento diario una buena dosis de ejercicio físico. No olvidemos que durante el esfuerzo el páncreas segrega gran cantidad de esta hormona necesaria para la absorción de la glucosa por las células.

Por tanto, los diabéticos leves pueden volver a la normalidad siguiendo un programa de dieta y actividad física, y aquellos que necesitan administrarse insulina por vía externa verán cómo progresivamente precisarán de dosis más pequeñas (esto siempre bajo la analítica y médica supervisión), mejorando con ello su calidad de vida.

Irregularidades menstruales

Cada vez es más frecuente encontrar en las consultas ginecológicas mujeres con irregularidades en la menstruación en forma de menorragias, metrorragias, etc. En muchas ocasiones no existe lesión ni trastorno alguno en la región útero-ovárica y se acaba por diagnosticar un «trastorno funcional» que es tratado con medicamentos más o menos agresivos. Y sin embargo, gran parte de estas mujeres podrían solucionar sus trastornos en apenas una semanas con sólo practicar regularmente algún deporte o ejercicio físico lo suficientemente intenso para comenzar a estimular las glándulas hormonales y volver a la normalidad sin necesidad de productos químicos de farmacia.

El sedentarismo acaba por atrofiar el aparato reproductor, que se vuelve tan «vago» como nosotros mismos. Por el contrario, hacer circular de nuevo eficazmente la sangre estimula la función ovárica y las contracciones uterinas.

No menos importante es la estimulación que el deporte ejerce sobre la glándula tiroides, como hemos visto anteriormente. Si tenemos en cuenta la importancia que el tiroides tiene en la regularidad menstrual (se dice que el tiroides es «el tercer ovario»), veremos por qué el ejercicio regula la menstruación, en ocasiones de forma realmente rápida y espectacular.

Obesidad

Si bien la mayor parte de las obesidades procede de errores o excesos en la alimentación, no es menos cierto que en muchas de ellas subyace un trasfondo de hipofunción metabólica que nos hace «quemar» menos grasas de las normalmente consumidas. El ejercicio activa el metabolismo basal y por lo tanto activa el consumo de tejido adiposo, a la vez que supone un gasto de calorías fundamental en todo intento de bajar de peso. Veamos algunos ejemplos de la energía consumida en las actividades físicas más comunes para una persona de un peso aproximado de 70 kilos (deberemos tener en cuenta que a más peso, mayor consumo calórico):

Tabla de consumo calórico por ejercicio realizado	
EJERCICIO	KCAL x 30 MIN
Bicicleta en terreno llano	210
Bicicleta en terreno irregular	300
Caminar a paso medio	135
Caminar a paso vivo	190
Correr ligero	310
Correr intenso	480
Esquí	240
Fútbol ligero	290
Gimnasia (aerobic)	280
Kárate	250
Natación ligera	270
Saltar a la cuerda	340
Tenis ligero	225

El sistema nervioso

Si existe un beneficio realmente importante que la actividad física vigorosa puede reportarnos, éste es el de reequilibrar nuestro sistema nervioso. Los complejos mecanismos por los que esto puede llegar a producirse se basan en la mejora general que experimenta el organismo con el ejercicio (no olvidemos que el ser humano es un todo y jamás un cuerpo y una mente disociados), así como en la importante producción de endorfinas que el entrenamiento provoca sin excepción en nuestro cerebro.

Patologías relacionadas que mejoran con el ejercicio

Depresión y patologías psíquicas

Depresión, ansiedad, estrés, angustia, fobias, etc., son verdaderas enfermedades no siempre reconocidas por los demás en su justa medida y en demasiadas ocasiones tratadas única y exclusivamente a base de medicamentos psicotrópicos. Y sin embargo, el ejercicio físico y el deporte son capaces de mejorar tanto o más que los productos de farmacia patologías tan graves como la ansiedad o la misma depresión. Pero ¿cómo es posible que esto ocurra?

Parece ser que la actividad física modifica las respuestas del cuerpo ante el estrés, y gran parte de la responsabilidad de que esto sea así es la producción de endorfinas cerebrales que lleva consigo la realización de toda actividad deportiva.

Hemos visto que las endorfinas son un grupo de sustancias de características muy similares a la morfina y demás drogas opiáceas, capaces de alterar el estado de ánimo y, y esto es lo más importante, siempre positivamente. Por supuesto, y pese a que la estructura molecular de las endorfinas es similar a las drogas sintéticas, al ser un producto elaborado por nuestro propio cuerpo y ser su presencia inherente a la naturaleza humana, las endorfinas no causan efecto secundario alguno más que el de ser capaces de sacarnos de una penosa depresión o de hacernos reaccionar de una manera mucho más equilibrada ante los problemas cotidianos.

En lo que respecta al problema concreto de la depresión –tan frecuente en nuestros días que uno de cada diez habitantes de la Europa occidental será víctima al menos de una depresión más o menos intensa a lo largo de su vida–, si bien en sus fases más agudas nadie duda de la eficacia de los medicamentos antidepresivos, también es cierto que la curación posterior y definitiva será mucho más sencilla si el enfermo se anima a comenzar un programa de entrenamiento físico. No han sido pocas las ocasiones en las que las curaciones han podido calificarse de espectaculares, y es una lástima que estas personas desaprovechen por falta de conocimiento un instrumento tan sencillo, barato y al alcance de todo el mundo como la actividad corporal.

Hacer ejercicio, pues, no sólo mejora nuestra forma física sino que nos proporciona tranquilidad, equilibrio psicológico y un placentero estado de contento. Me atrevo a afirmar que, tras unas semanas de realizar una actividad física regular, todos y de cada uno de nosotros podremos disfrutar de una visión de la vida y sus vicisitudes mucho más armónica y saludable.

¿Qué ejercicio realizar?

Como vemos, el ejercicio físico supone, frente al peligroso sedentarismo de nuestros días, una opción de calidad de vida que ninguno de nosotros deberíamos desdeñar. Sin embargo, antes de emprender cualquier tipo de ejercicio o deporte, sería conveniente saber con la mayor exactitud posible cuál es nuestro estado físico real y por tanto nuestras posibilidades de realizar un entrenamiento físico más o menos intenso.

Indudablemente, lo preferible y más seguro es realizarse un chequeo médico que le informe con rigor de su estado cardíaco, su capacidad pulmonar, etc., máxime si su edad supera los 30 años y lleva un estilo de vida sedentario al menos desde hace tres años. Le insto a que visite a su médico y le exponga sus deseos de acometer un programa de actividad deportiva. De todas formas, si desea comenzar haciéndose usted mismo una idea general de su condición física, puede utilizar este sencillo test que le orientará mientras acude a la consulta de su doctor:

Cuestionario médico de autoevaluación física

1. ¿Tiene usted antecedentes familiares de enfermedades cardíacas importantes?

   A/ No
   B/ Uno
   C/ Dos
   D/ Tres o más

2. Su presión sanguínea es:

   A/ Baja
   B/ Normal
   C/ Ligeramente alta
   D/ Bastante alta

3. Su nivel de colesterol en sangre es:

A/ Menor de 200 mg/ml
B/ Entre 200 y 250 mg/ml
C/ Entre 250 y 300 mg/ml
D/ Mayor de 300 mg/ml

4. Su nivel de triglicéridos en sangre es:

A/ Inferior a 100 mg/dl
B/ Entre 100 y 150 mg/dl
C/ Entre 150 y 175 mg/dl
D/ Superior a 175 mg/dl

5. Fuma usted:

A/ Nada, no soy fumador
B/ Menos de 10 cigarrillos al día
C/ Entre 10 y 25 cigarrillos al día
D/ Cerca de 2 cajetillas diarias o más

6. A su altura en centímetros réstele 110 (p. ej., 172 cm - 110 = 62). Tras esta operación, su peso en kilogramos es:

A/ Inferior al número resultante
B/ Muy aproximado al número resultante
C/ Entre 6 y 12 kg superior
D/ Más de 12 kg superior

7. ¿Ha notado alguna vez tirantez u opresión en el pecho (debajo del esternón) ante un esfuerzo físico o ante un disgusto emocional?

A/ Nunca
B/ Alguna vez, hace tiempo
C/ Alguna vez, recientemente
D/ A menudo

8. ¿Ha sentido alguna vez que el corazón le latiera de forma irregular, como si latiese golpeando el pecho o cuello?

A/ Nunca
B/ Alguna vez, hace tiempo
C/ Alguna vez, recientemente
D/ Con frecuencia

9. ¿Suele usted caminar, salir al campo, o realizar al menos dos días por semana alguna actividad física moderada?

A/ No, nunca
B/ Rara vez
C/ Con cierta frecuencia
D/ Siempre que puedo

10. Podría usted recorrer a paso vivo y sin detenerse una distancia de 5 kilómetros:

A/ Perfectamente
B/ Con cierto esfuerzo
C/ Con fatiga
D/ No podría

11. Su pulso en reposo es de:
A/ Menos de 60 pulsaciones por minuto
B/ Entre 60 y 68 pulsaciones por minuto
C/ Entre 68 y 75 pulsaciones por minuto
D/ Más de 75 pulsaciones por minuto

12. Un conocido ejercicio de abdominales parte de la posición de tumbado y consiste en levantar el tronco hasta quedar sentado con las manos tras la nuca, es decir, sirviéndose sólo de la potencia de su musculatura abdominal y dorsal.
Usted es capaz de realizar en un minuto:

A/ Más de 12 levantamientos completos
B/ Entre 8 y 12 levantamientos

C/ Entre 4 y 8 levantamientos
D/ Apenas ha podido incorporarse

Puntuación

- Por cada respuesta A sume 5 puntos.
- Por cada respuesta B sume 3 puntos.
- Por cada respuesta C sume 1,5 puntos.
- Por cada respuesta D sume cero puntos.

Resultados

Entre 60 y 45 puntos
Su condición física es muy buena. Podría realizar cualquier tipo de ejercicio o deporte de cierta intensidad sin peligro, aunque siempre será conveniente seguir un plan de entrenamiento progresivo, máxime si su edad es superior a los 35 años.

Entre 44 y 36 puntos
Su forma física es bastante buena, aunque mejorable y para ello los deportes medios le serán de gran ayuda. Vigile sus reacciones y el aumento de frecuencia de sus latidos cardíacos durante el entrenamiento.

Entre 35 y 20 puntos
Usted es demasiado sedentario y su condición física comienza a resentirse de ello. Deberá cuidar su alimentación y seguir un programa de actividad física moderada y progresiva. Para usted, de momento, nada de esfuerzos de fin de semana.

Menos de 20 puntos
Usted es perfectamente consciente de que su forma física deja mucho que desear y de que su salud va siguiendo un camino de cuesta abajo preocupante. Acuda a su médico, vigile estrictamente la ingesta de comidas pesadas, café, tabaco, etc., y comience un programa de actividad física suave (caminatas, bicicleta en terreno llano, natación ligera, etc.) que irá aumentando de intensidad con el tiempo.

Programa base para una sesión de ejercicio

Existen algunas características que deben estar siempre presentes a la hora de programar nuestra sesión de entrenamiento para que éste sea lo más efectivo posible, a la vez que de esta forma reducimos todos los posibles riesgos e inconvenientes de una sesión carente de sistema, sea ésta de gimnasia, carrera, deporte, etc.

La primera premisa es que el plan de ejercicio deberá ser individualizado, es decir, adaptado a las características y circunstancias de cada individuo (edad, condición física, posibles enfermedades, etc.). Evidentemente, no podrá realizar el mismo esfuerzo una persona de 35 años que otra de 70, ni un individuo de salud media que otro en fase de recuperación de una cardiopatía, por ejemplo. Es importante darse cuenta de que 15 minutos de paseo ligero pueden ser proporcionalmente más importantes para un anciano sedentario o un convaleciente cardíaco, que media hora de entrenamiento fuerte para un joven que desea mejorar su condición física general.

La segunda premisa es que el programa de actividad física debe ser progresivo y continuado. Comenzaremos con sesiones cortas y/o suaves para posteriormente ir desarrollándolas, tanto en duración como en intensidad. La frecuencia es también de suma importancia y se ha demostrado que el beneficio aeróbico, cardíaco y psíquico óptimo se obtiene si realizamos nuestros ejercicios a diario. La opción de descansar un día sí y otro no (en este caso el entrenamiento se reduciría a 3 o 4 días por semana) también es válida, pero con ella el progreso será más lento y, particularmente, soy más partidaria de asegurar 20 o 30 minutos de ejercicio diario que una hora tres veces por semana.

Una higiénica sesión de gimnasia

Más adelante hablaremos de algunas actividades y deportes especialmente beneficiosos para aumentar nuestro potencial de salud. Sin embargo, y pensando sobre todo en esas personas que disponen de poco tiempo para salir a la calle o acudir a un centro deportivo, vamos a ofrecerles una sencilla sesión de gimnasia válida para cualquier persona de salud media. Puede realizarse sin dificultad en casa y, según el número de repeticiones de cada ejercicio, emplearemos en ella entre 20 y 40 minutos. Para llevarla a cabo necesitaremos solamente un chándal o ropa suelta y dos saquitos de 1 kg de peso (sirve la arena o las mismas bolsas de legumbres o arroz). Está diseñada para elastificar y tonificar los músculos más importantes, así como para desarrollar progresivamente nuestra capacidad aeróbica y de resistencia cardíaca.

Para lograr los máximos beneficios, la frecuencia ideal sería realizar esta tabla dos veces por día: mañana y tarde/noche. Además, pueden beneficiarse también de este programa aquellos que siguen un entrenamiento deportivo en días alternos, realizándolo en las jornadas de descanso.

Es importante que se realice cada movimiento lentamente, sin forzar la musculatura y sin apresuramientos. Tómese el tiempo que necesite para descansar entre ejercicio y ejercicio.

Debajo de cada ejercicio aparecen unos números que nos indicarán las repeticiones que deberemos realizar: comenzaremos por la cantidad indicada a la izquierda para ir aumentando progresivamente las repeticiones hasta llegar a la cifra de la derecha.

Sesión polivalente de gimnasia

1. Carrera en el sitio procurando subir bien las rodillas. Realizar veinte segundos y descansar.

   2 - 4 - 5 - 7

2. Flexión de tronco. Partiendo de la posición erguida, nos doblaremos e intentaremos tocar los pies con las manos, rebotando abajo tres veces. Volver a la postura inicial.

   3 - 5 - 8 - 10

3. Flexión lateral. Partiendo de la misma posición, con las manos en la cintura («en jarra») y los pies separados aproximadamente medio metro, nos doblaremos hacia un lateral, cuidando de no mover los pies de su sitio. Para completar el ejerci-

cio, rebotaremos tres veces y realizaremos de idéntico modo hacia el otro lateral.

4 - 6 - 8 - 10

4. Giro de brazos. Erguidos y sujetando con cada mano un saquito de 1 kg, giraremos los brazos a la vez, como si fueran aspas de molino. Muy importante: la espalda no debe moverse.

10 - 15 - 25 - 35 - 40 - 50

5. Elevación lateral de piernas. Tumbados sobre un costado con el brazo inferior extendido al lado de la cabeza y el otro reposando sobre la cadera, elevaremos la pierna libre (totalmente recta) cuanto podamos. Volver a bajar.

6 - 10 - 15 - 20

Repetir la serie tumbados sobre el otro costado.

6. Elevación de piernas. Tumbados sobre la espalda, subiremos ambas piernas hasta que queden en posición perpendicular al tronco, a la altura del estómago. Volver a bajar.

5 - 8 - 10 - 15

Cuando adquiramos la potencia suficiente, podremos atar con una cinta o goma un saquito de 1 kg. en cada pierna para aumentar la fuerza abdominal.

7. Flexión apoyada. Colóquese de pie con la espalda pegada a una pared. Ahora bajaremos lentamente el cuerpo doblando las rodillas, de modo que finalmente quedemos sentados sobre nuestros talones. Volver a subir del mismo modo. Es importante que la espalda esté siempre pegada a la pared.

8 - 12 - 15 - 20

8. Resistencia de bíceps. De pie, con la espalda bien recta, agarre un saquito de 1 kg con cada mano. Pegue los brazos al cuerpo y, sobre flexión de codo, suba alternativamente uno y otro antebrazo. Consideraremos una repetición la alzada de ambos brazos.

15 - 20 - 25 - 30 - 40 - 50

9. Extensión lumbar. Partiendo de la posición erguida, suba una pierna y apoye el talón a una altura aproximada de 1 m (sobre una cómoda, mesa, etc.). En esta postura, inclínese hacia adelante (sin doblar la rodilla).

   Rebotar diez veces y repetir sobre la otra pierna para realizar el ejercicio completo.

2 - 3 - 5

10. Saltos de agilidad. En nuestra habitación o salón de gimnasia, dispondremos cuatro pequeños obstáculos (sirven unos cojines o montoncitos de libros) en forma de zigzag. El ejercicio consiste en sortear dichos obstáculos saltando entre ellos con rapidez, haciendo el recorrido hacia adelante y hacia atrás para realizar una repetición completa.

8 - 12 - 15 - 20

11. Elevación de hombros. Erguido con la espalda bien derecha, coja con ambas manos un saquito de 1 kg. Deje los brazos caídos con el saquito y levante un hombro, de manera que sean los músculos que rodean el omóplato los que suban el peso. Repetir tres veces con cada hombro.

3 - 5 - 8 - 12 - 15

Cuando consigamos la potencia suficiente, podremos aumentar el peso cogido con cada mano a 2 kg.

12. Desarrollo pectoral. De pie, a ser posible frente a una ventana abierta o entreabierta, apoyar ambas manos, palma contra palma. Ahora empujaremos con fuerza durante 3 o 4 segundos, soltaremos y repetiremos de nuevo tres veces. El ejercicio se completa soltando las manos, echando los hombros hacia atrás y efectuando una respiración profunda y pausada.

4 - 6 - 8 - 10 - 15

13. Ejercicio de la cobra. Tumbados en el suelo boca abajo con los brazos flexionados apoyando las palmas a la altura del pecho, levantar el tronco lentamente y cuanto sea posible. Importante: la cabeza debe mirar hacia arriba y la pelvis no debe despegarse del suelo. Mantener unos segundos y descansar.

    Esta postura está tomada del yoga y desarrolla la flexibilidad de la columna vertebral, a la vez que potencia la musculatura dorsal y la de los brazos.

4 - 6 - 8 - 10

14. Bailar. Sí, tal como suena: bailar. Para realizar este ejercicio es conveniente tener previamente grabada en una casete una canción rítmica y ligera que a usted le agrade. Se trata de bailar al ritmo de la música realizando movimientos de brazos y piernas según su propia «inspiración». Es un ejercicio libre, divertido y, sin embargo, tremendamente efectivo.

    Como la duración de un tema moderno suele rondar los 3 minutos, no es necesario efectuar más de una repetición.

15. Relajación con respiración. Partiendo de la posición de pie, deje caer el tronco y los brazos hacia adelante «como un muñeco». Mueva y sacuda los brazos durante unos 15 segundos, luego incorpórese y realice una inspiración lenta y profunda; suelte el aire y comience una nueva repetición.

    Ya que no se trata de un ejercicio de esfuerzo, el número de repeticiones será para todos de 2 o 3 (si así lo desea y tiene tiempo, puede realizar más).

Correr (*jogging*)

La carrera es el deporte más accesible y sencillo de realizar para todas las personas de salud media razonable, además de presentar ciertas ventajas sobre algunos otros deportes: es económica (no precisa más que unas zapatillas de deporte y ropa ligera), no requiere de preparación técnica previa, puede realizarse casi en cualquier lugar, y es muy rápida, es decir, con poco tiempo de ejercicio se realiza gran cantidad de gasto energético y un importante esfuerzo cardiorrespiratorio.

El único inconveniente que presenta (su dureza para el hombre o mujer sedentarios) es fácilmente solventable si seguimos un programa de adaptación gradual y creciente en el que nos iremos administrando pequeñas dosis de carrera alternadas con varios minutos de caminata o marcha ligera.

Aunque el plan de carrera progresiva es individual para cada persona dependiendo de la edad, forma física, etc., y usted mismo puede realizarse su propia programación, le sugeriremos un esquema de lo que sería un plan de adaptación progresivo al *jogging* o carrera para un individuo sedentario de edad y condición física media.

Correr no está tan fuera de su alcance como usted cree, y para despejar la duda nada mejor que animarse a realizar este sencillo programa: dentro de unas semanas se sorprenderá de los resultados alcanzados.

Como veremos, y siguiendo paso a paso la siguiente programación combinada de marcha/carrera, al cabo de un mes y medio usted ya estará corriendo la nada despreciable cantidad de doce minutos y medio, tiempo de carrera suficiente para lograr todos los beneficios descritos en los apartados anteriores. Por supuesto, si usted desea seguir avanzando, puede prolongar este esquema adaptándolo a sus necesidades hasta llegar a un límite razonable (para toda persona mayor de 35 años, no recomiendo sobrepasar corriendo el 50 % del tiempo que invierta andando. Por ejemplo: en 45 minutos de marcha, 22 de carrera).

Plan de adaptación progresivo a la carrera	
DÍAS	SESIÓN
1.ª semana (1 a 7)	Caminar a paso vivo durante media hora. Cada 5 minutos, correr durante 15 segundos y seguir caminando. Total carrera: 15x6= 90 segundos = 1,5 minutos
8 a 11	Paso vivo durante media hora. Cada 4 minutos correr 20 segundos. Total carrera: 20x7= 140 segundos = 2,3 minutos.
12 a 15	Paso vivo durante 35 minutos. Cada 4 minutos correr 30 segundos. Total carrera: 30x8= 240 segundos = 4 minutos
16 a 20	Paso vivo durante 40 minutos. Cada 3 minutos correr 20 segundos. Total carrera: 20x13= 260 segundos = 4,3 minutos
21 a 24	Paso vivo durante 40 minutos. Cada 3 minutos correr 30 segundos. Total carrera: 30x13= 390 segundos = 6'5 minutos
25 a 30	Paso vivo durante 45 minutos. Cada 4 minutos correr 40 segundos. Total carrera: 40x11= 440 segundos = 7,3 minutos
30 35	Paso vivo durante 45 minutos. Cada 3 minutos correr 40 segundos. Total carrera: 40x15= 600 segundos = 10 minutos
35 a 40	Paso vivo durante 45 minutos. Cada 3 minutos correr 45 segundos. Total carrera: 45x15= 675 segundos = 11,3 minutos
40 a 45	Paso vivo durante 45 minutos. Cada 3 minutos correr 50 segundos. Total carrera: 50x15= 750 segundos = 12,5 minutos

Bicicleta

El ciclismo es un deporte ciertamente completo: desarrolla la potencia de las piernas, fortalece los brazos y presenta una buena relación de esfuerzo/rendimiento cardiorrespiratorio. Además, la bicicleta nos ofrece buenas posibilidades de diversión y recreo, ya que con ella podemos abordar hermosos senderos rurales o explorar nuevas zonas de los alrededores de nuestra localidad, en un tiempo relativamente corto. Lamentablemente, aún existen pocas ciudades con carriles-bici, y las vías destinadas a tal efecto no pasan de constituir dos o tres breves kilómetros que bordean nuestras poblaciones, a modo de paseo.

Media hora de ciclismo a buen ritmo o por caminos con desniveles es ejercicio suficiente para mantenerse en perfecta forma. Si el camino es llano y presenta poca dificultad, tal vez precise de algo más de tiempo (45-60 minutos) y la máxima velocidad posible para lograr los mismos resultados. Por supuesto, para la bicicleta se precisa también de un entrenamiento progresivo que usted mismo podrá diseñar con sensatez y prudencia según su estado físico: tenga en cuenta que si en este momento usted estuviese capacitado para pedalear cuesta arriba durante cuarenta minutos, muy probablemente no necesitaría en absoluto estar leyendo este capítulo del presente libro...

La mejor bicicleta para entrenarse es la llamada «de montaña», es decir, aquella dotada de cambios y marchas para adaptarse al terreno. Las bicicletas de paseo, como su propio nombre indica, están diseñadas para el recreo y no para el esfuerzo ya que se ajustan con dificultad a las cuestas o irregularidades del terreno. Hoy en día pueden encontrarse desde precios muy asequibles en cualquier tienda o gran almacén.

Si desea comenzar a montar en bicicleta, le sugiero que adquiera un plano detallado de su ciudad para poder localizar las zonas que puedan ofrecerle espacios verdes y poco tráfico. Le recomiendo también que se procure un chándal o ropa cómoda y ligera, preferentemente de algodón, y un buen chubasquero o anorak para el otoño y el invierno. Además del entrenamiento en sí, será altamente beneficioso que considere la posibilidad de sustituir algunos de los desplazamientos que hasta ahora realizaba en coche o autobús (realizar algunas compras, visitar a un amigo, etc.) por los mismos trayectos en bicicleta. Elija para su itinerario en la ciudad las calles más tranquilas, evitando aquellas avenidas por las que los automóviles circulan a gran velocidad inundando el ambiente de humo, y se asombrará de las distancias que es capaz de recorrer con su máquina a pedales, inviertiendo un pequeño esfuerzo, muy poco tiempo y nada en gasolina o billetes de viaje.

Algunas personas han optado por una variante, quizás menos entretenida pero igualmente efectiva a la hora de lograr la buena forma física: la bicicleta estática. Dotadas de cuentakilómetros, varios niveles de esfuerzo, y en ocasiones medidor del trabajo realizado, ofrecen una más que aceptable posibilidad de entrenamiento para aquellos individuos que disponen de poco tiempo libre. Para no caer en la monotonía, algunas personas amenizan sus sesiones de bicicleta fija escuchando música, viendo la televisión o incluso leyendo.

Recuerde, por último, que el entrenamiento en bicicleta estática debe responder a los mismos criterios de esfuerzo progresivo expuestos anteriormente.

Otros deportes

Natación, tenis, *squash*, fútbol..., todos los deportes se constituyen en valiosas ayudas para nuestra forma física mientras sean tomados como entrenamiento metódico y racional y no como una competición. A este respecto, no olvide que muchos accidentes cardiovasculares se producen en personas mayores de 40 años durante un partido de tenis o de fútbol de fin de semana demasiado «acalorado».

Usted puede realizar el deporte que desee siempre que antes se haga un buen chequeo y durante los entrenamientos se ciña a sus posibilidades reales, tanto si éstas son de dos minutos de ejercicio como de veinte. No se apure: ya tendrá tiempo de ir aumentando el tiempo dedicado al esfuerzo.

Ejercicio para ancianos y convalecientes

Es un gran error pensar que las personas mayores y los enfermos no pueden o no deben realizar ningún tipo de esfuerzo físico. Muy al contrario, estas personas están ciertamente necesitadas de una actividad física que les permita recuperarse de su enfermedad o mantenerse en forma a avanzadas edades.

Si repasamos los beneficios que el ejercicio aporta tanto en el sistema cardiovascular como en el respiratorio, digestivo, muscular, etc., no tardaremos en darnos cuenta de la importancia que para las personas convalecientes (postoperatorios óseos, enfermos diabéticos, cardíacos, anémicos, bronquíticos, exfumadores, etc.) y para aquellos englobados en la llamada «tercera edad», puede revestir el entrenamiento físico.

Evidentemente, estas personas ni pueden ni deben realizar el mismo esfuerzo que otras más sanas o jóvenes. Para ellas existe un excelente ejercicio: caminar.

Caminar

El simple y natural hecho de caminar durante un período de tiempo más o menos prolongado es una sana actividad física para todas las personas, y constituye una terapia de primer orden para los mayores de 60 años o que padezcan alguna patología aguda o crónica de cierta importancia.

Sin requerir un gran esfuerzo, al caminar ponemos en movimiento más del 90% de nuestros músculos más valiosos, así como nuestro sistema óseo-locomotor, nuestro aparato cardiorrespiratorio y nuestra circulación sanguínea.

Todo aquel que pueda ponerse en pie y avanzar unos pasos, está preparado para comenzar un programa de caminatas. En algunos casos (ciertamente graves, pero no por ello merecedores de ser dejados de lado) serán suficientes algunos minutos de paseo ligero para comenzar a experimentar importantes beneficios. En el resto de los casos, necesitaremos al menos media hora de caminata intensa para lograr una mejora física (y, por qué no, psíquica) acorde a nuestras posibilidades de desarrollo.

Para caminar, sólo es necesario algo de tiempo y un buen calzado (evite las suelas rígidas que apenas dejan doblarse al pie). Elija preferentemente zonas de paseo con arbolado o zonas verdes y nunca calles bullentes de tráfico en las que su posibilidad de proveerse del tan valioso oxígeno queda muy mermada.

Una vez comience a entrenarse y su capacidad de resistencia haya aumentado, podrá incrementar sus programas de caminatas añadiendo a la sesión diaria algunos extras tales como no tomar el autobús salvo que sea realmente necesario o probar en sus compras nuevas tiendas y mercados más alejados de su vivienda habitual. Estoy convencida de que, tras unas semanas, caminar será para usted un verdadero placer.

Índice

VIDA NATURAL

Descubra y benefíciese de las propiedades terapéuticas del limón.

Desde la Antigüedad, el limón no sólo ha sido utilizado para elaborar exquisitas recetas culinarias sino también como un remedio eficaz para prevenir y curar todo tipo de enfermedades. Son conocidas, además, sus aplicaciones en diversos tratamientos de belleza. Esta guía le revelará todas las propiedades curativas, regeneradoras, antisépticas y vitamínicas del limón para que usted y su familia puedan beneficiarse de sus infinitas cualidades.

- Equilibre su tensión arterial de forma natural.
- Aprenda a eliminar las temibles patas de gallo.

ISBN: 84-7927-380-1

La fitoterapia, la ciencia que estudia la curación por medio de las plantas, es una medicina suave y carente de efectos secundarios, pero extraordinariamente efectiva, basada en la experiencia y en el conocimiento empírico. Está demostrado que los principios activos de las plantas son mucho menos perjudiciales que sus compuestos purificados y sintetizados en forma de fármacos. Aprenda a vivir de manera más sana y natural acudiendo a la farmacia vegetal para solucionar sus problemas.

- Las principales propiedades y efectos de las hierbas.
- Cómo influye la alimentación natural en la recuperación de la salud.
- Tisanas, aceites y otros compuestos vegetales para combatir la enfermedad.

ISBN: 84-7927-282-1

Las dolencias más comunes y sus remedios de la A a la Z.

VIDA POSITIVA

Serie de bolsillo